STORIA DEL GIAPPONE MODERNO

Dalla restaurazione Meiji alla rinascita postbellica

Jim Barrow

Indice

Introduzione

"Ricordo che mi è stato insegnato che il Giappone era stato creato dagli dèi... che noi, come Nazione, eravamo divini e supremi... che ci dedicavamo a garantire che le qualità giuste fossero tramandate, che i bambini crescessero con il giusto atteggiamento verso il loro Paese."

- Kazuo Ishiguro

Non avrò mai abbastanza parole per descrivere il fascino unico della storia del Giappone. Se avete seguito il mio lavoro, sapete come la storia antica del Giappone abbia influito su tutte le epoche successive, ed è per questo che - soprattutto per chi non ha letto la prima parte - vi propongo un brevissimo riassunto.

Già dalle prime notizie che abbiamo sul Giappone, datate circa a trentacinquemila anni fa, possiamo notare che questa è una zona del mondo che si è sempre distinta rispetto al resto. Circa diecimila anni fa, durante l'ultima era glaciale, nacque la cultura Jomon. Si tratta di una delle prime civiltà datate di cui siamo a conoscenza. Gli Jomon erano cacciatori-raccoglitori, un po' come tutte le popolazioni dell'epoca, ma con delle sensibili differenze.

Rispetto al resto del mondo, infatti, rimanevano negli insediamenti molto più a lungo, ed erano già degli ottimi artigiani, fabbricando intricati vasi di argilla e case di legno. Secondo Ichihara (1959), le comunità Jomon medie lungo il fiume Oi, nella prefettura di Shizuoka, si sono distribuite ad almeno dieci chilometri di distanza l'una dall'altra. Egli ha concluso che gli abitanti di ogni sito avevano un'area di caccia e raccolta di dieci chilometri di circonferenza. Questo dimostra quanto fossero evoluti i giapponesi già nell'antichità.

Arrivarono poi gli Yayoi, popolazione giapponese di probabile discendenza continentale, molto probabilmente coreana. Gli Yayoi portarono in Giappone le tecniche di lavorazione dei metalli, la coltivazione del riso e la tessitura dei filati. L'epoca successiva, di cui abbiamo molte più tracce archeologiche, fu l'epoca Kofun, chiamata così per il grande numero di tumuli e grandi tumuli (Kofun, appunto) presenti ancora oggi sul territorio giapponese e risalenti proprio a quei secoli. A capo dei Kofun c'era un gruppo di aristocratici signori della guerra o Samurai. In questa fase vennero introdotte anche numerose tradizioni e usanze cinesi.

Dal 538 al 710 d.C. abbiamo il periodo Asuka, di notevole importanza per l'introduzione del buddismo e per la nascita dei clan, ossia di potenti famiglie che lottavano per il controllo dei territori. Nel periodo Nara (tra il 710 e il 794 d.C.), il Giappone continentale fu caratterizzato da un forte sistema di governo centrale. Furono i decenni dell'esplosione dell'arte, della calligrafia e di altre forme di svago nella classe aristocratica. Le correnti religiose buddiste e shintoiste coesistevano pacificamente, sebbene ci fossero differenze di classe sociale tra le due (i ceti alti erano per lo più buddisti, mentre le classi inferiori shintoiste). Il periodo Heian (794-1185) fu caratterizzato dallo sviluppo di un sistema culturale unico nel suo genere, caratterizzato da poesia, arte e prosa di grande bellezza. In questo periodo iniziò a proliferare anche la classe dei samurai.

Nel 1185, gli shogun, o signori della guerra samurai, presero il controllo del Giappone e governarono in nome dell'imperatore fino al 1868. Dal 1185 al 1333, lo shogunato Kamakura fu il principale

gruppo di guerrieri che governò il Giappone dalla capitale Kyoto.
Il XIII e il XIV secolo furono molto movimentati, prima a causa
delle invasioni (fallite) da parte dei mongoli, poi per i tentativi
dell'imperatore Go-Daigo di rovesciare lo shogunato, scatenando
un lungo periodo di guerre civili che durò addirittura dal 1331 al
1392, anno in cui lo shogunato venne rovesciato. In quest'epoca
salirono alla ribalta i "daimyo", potenti signori regionali. Essi
rimasero al potere fino alla conclusione dell'era Edo, riconosciuta
anche come shogunato Tokugawa, nel 1868.

La dinastia Tokugawa governò gran parte del Giappone durante
l'epoca Edo, e nel 1603 fondò un'amministrazione militare di tipo
feudale. Per il resto del periodo Edo, questa amministrazione è stata
la principale struttura politica del Giappone, fino alla perdita del
potere all'inizio del XIX secolo. Il Giappone aveva bisogno di un
nuovo sistema di governo, che era ormai vecchio e datato.

Lo shogunato Tokugawa era famoso anche per essere
estremamente isolazionista nei confronti dei paesi stranieri (fatta
eccezione per alcuni scambi con gli olandesi o con le popolazioni
asiatiche vicine), fino a che non ci si rese conto che era necessario
stabilire un commercio con altri paesi, altrimenti c'era il rischio di
rimanere indietro e fermare completamente lo sviluppo. Uno degli
episodi famosi in merito a questo fatto fu l'invio di quattro navi a
Uraga da parte dell'ammiraglio americano Matthew C. Perry, cosa
che fece aprire il Giappone verso l'estero.

Il regno degli shogun terminò definitivamente con l'ascesa al potere
dell'imperatore Meiji e il ritorno del Giappone ad una monarchia,
questa volta di tipo costituzionale. Con la morte di Meiji, il potere
passò a suo figlio Taisho, che però doveva delegare gran parte delle
mansioni a causa di una grave malattia cronica. Ciò lasciò spazio
all'introduzione di riforme più democratiche attraverso la

legislatura del Paese. Si arrivò quindi alla Prima guerra mondiale, dove il Giappone spinse forte sulle sue mire espansionistiche e stabilì un dominio formale sulla penisola coreana e sulla Cina settentrionale, che durò fino al secondo dopoguerra, con la famosa sconfitta dei Giapponesi per mano degli alleati. Il Giappone rinacque dalle sue ceneri postbelliche e diventò una Nazione moderna e industrializzata, esattamente il Giappone che conosciamo noi oggi.

In questo libro, i punti focali di discussione saranno la fine del periodo Edo e la nascita del regno Meiji, e ciò che ne è seguito. Prima di iniziare, riassumiamo brevemente lo sviluppo cronologico della storia del Giappone antico. Se avete appena letto il primo libro e le memorie sono ancora fresche, potete anche saltare questa parte e passare direttamente al Capitolo 1!

La storia del Giappone: linea del tempo

4000 a.C.: Emergono e si espandono i popoli Jomon, con le loro ceramiche fatte a mano dai disegni caratteristici. Si tratta di un'epoca preistorica caratterizzata da tribù e da una forma di sviluppo comunitario di tipo clanico. Era dominata dai nomadi dell'età della pietra. Nel 600 a.C., il mitologico Jimmu o Guerriero Divino, discendente della dea del sole Amaterasu Omikami, stabilì il proprio dominio.

300 a.C.: Nasce la cultura Yayoi. Le caratteristiche principali di questo periodo sono la coltivazione del riso, l'utilizzo di metalli, la lavorazione della ceramica e in generale tecniche ispirate alla Corea e alla Cina. Il periodo prende il nome da una località di Tokyo dove sono state ritrovate ceramiche tornite. In termini di

religione, questo periodo si identificava con gli spiriti Kami in natura e valorizzava le qualità umane come la lealtà e la saggezza. In questa fase si assiste anche alla nascita delle prime dinamiche politiche.

300-645 d.C: Questo periodo è conosciuto come l'era Kofun. L'ascesa dei grandi signori dei clan segnò l'inizio dell'unificazione del Giappone con il resto dell'Asia.

I leader del clan venivano sepolti nei kofun (grandi tumuli tombali) e circondati da sculture di argilla note come haniwa. Una nuova dinastia imperiale sorge sotto la guida del clan Yamato, che rivendica la discendenza da Amaterasu Omikami, una delle più importanti divinità shintoiste. Il Giappone adotta i caratteri scritti della lingua cinese. Sotto Shotoku Taishi (574-622) la cultura e l'amministrazione giapponese assumono caratteristiche più simili a quelle cinesi. Egli vuole una burocrazia basata sul merito e un'amministrazione centralizzata. Taishi era un grande credente e sostenitore dei principi del buddismo e del confucianesimo.

645-710: È l'epoca del periodo Asuka. Prende il nome dalla regione di Asuka, nel bacino di Nara (Yamato), ossia il centro politico e culturale del Paese. I clan Soga, Mononobe e Nakatomi erano i più potenti e si sono divisi il potere per quasi tutto questo periodo. Ognuno di questi clan aveva un punto forte molto specifico: I Mononobe erano i più feroci e validi combattenti militari; I Soga basavano il loro potere su una grande pressione fiscale e controllo dell'economia della popolazione; I Nakatomi erano per lo più un clan di stampo religioso e il loro potere ruotava intorno a quello.

Durante il periodo Asuka, l'interesse e l'interazione con le culture continentali furono maggiori. I legami politici e culturali con i regni coreani, come Silla e Paekche, permisero di incorporare senza problemi la cultura coreana nello stile di vita giapponese.

L'accresciuta venerazione per il buddismo permise anche l'infiltrazione della cultura cinese.

710-794: Il periodo Nara si apre con la nascita di una nuova capitale, modellata sulla città cinese di Changan. I capi shintoisti, nonostante le diverse vedute, promuovevano il buddismo e, anzi, hanno fatto loro alcuni principi ereditati dalla Cina creando in Giappone un ambiente di coesistenza religiosa unico al mondo (tutt'oggi). Fu questa l'epoca di grandi opere come il Kojiki, il Nihon Shoki e raccolte di poesie Waka.

794-1185: In questo periodo la corte imperiale si trasferisce nell'attuale Kyoto (Heiankyo) per distaccarsi dai buddisti di Nara, in piena ascesa di potere. Il Giappone interrompe tutti i contatti ufficiali con la Cina, gettando così le basi del periodo Heian, periodo nel quale il Giappone inizia a creare una fortissima indipendenza culturale totalmente distaccata da quella del resto dell'Asia. Non sparisce però il buddismo, che rimane una grande forza politica e religiosa del paese, ma anzi, inizia a sviluppare molte correnti autoctone e si crea così una "sottocategoria" di buddismo prettamente giapponese. Viene creato il kana, ossia il sistema stabilito per la scrittura della lingua giapponese. Questo periodo vide anche l'emergere della letteratura di corte grazie a scrittori molto affermati. Nel 1002 uscì il Racconto di Genji di Murasaki Shikibu, forse il primo romanzo conosciuto al mondo. Con l'ascesa dei bushi (classe di guerrieri) nelle prefetture, si assiste a una crescente riduzione dei poteri della corte.

1185-1333: Questo periodo fu l'epoca dello shogunato Kamakura. Il suo nome deriva dal regime militare di Minamoto Yoritomo, lo shogunato Kamakura, appunto. Dopo aver sconfitto la famiglia Taira a Dannoura (1185), Yoritomo istituì un proprio governo militare (bakufu) accanto alla corte imperiale. Nel 1192 fu elevato alla carica imperiale di shogun.

Dopo la morte di Yoritomo nel 1199, la famiglia Hojo rimase al potere come shogunato per il resto dell'epoca. Nel 1274 e nel 1281, il condottiero mongolo Kublai Khan tentò due volte di invadere l'arcipelago giapponese, ma senza riuscirci a causa di forti tempeste che si abbatterono sulla flotta in entrambe le occasioni (questi episodi vengono visti come aiuti divini a difesa del Giappone). Pur non avendo avuto successo, le invasioni portarono a crescenti disordini e finirono per indebolire la struttura dei governi militari.

1333-1568: Il distretto di Muromachi diventa la sede del nuovo shogun Ashikaga Takauji, che adotta una nuova forma di amministrazione militare. Insieme ai suoi successori, si affermò come mecenate delle arti zen e permise anche la proliferazione delle cerimonie tradizionali del tè (chanoyu), dell'arte dell'inchiostro e della progettazione di giardini.

1467-1568: Una guerra lunga dieci anni (guerra di Onin) porta alla completa distruzione del governo centrale, seguita da un'epoca di Sengoku Jidai (Paese in guerra). Questo periodo vide l'entrata del cristianesimo, introdotto da Francesco Saverio nel 1549.

1568-1600: Oda Nobunaga iniziò a riunificare il Giappone dopo un lungo periodo di guerre civili che avevano indebolito la nazione. Toyotomi Hideyoshi (1536-1598) seguì da vicino le sue orme. Il loro lavoro costituì la base del Giappone moderno. L'opposizione locale ostacolò i piani di Hideyoshi di conquistare la Corea e la Cina. Le arti di questo periodo comprendono la pittura, le colossali creazioni architettoniche e le elaborate cerimonie del tè.

1600-1868: Ci troviamo nel periodo Tokugawa/Edo, e in questo periodo il Giappone è isolato dal resto del mondo (salvo pochi contatti commerciali con poche nazioni, con a capo l'Olanda - nel solo porto di Nagasaki) e regna una relativa pace interna. Tokugawa Ieyasu sposta la capitale a Edo (l'attuale Tokyo) e il cristianesimo viene violentemente represso.

Poco dopo, le città e il commercio fioriscono. I libri vengono stampati e pubblicati più diffusamente, educando la popolazione urbana. Il capitano Matthew C. Perry e le sue navi a vapore arrivano in Giappone (1853). Per la prima volta in due secoli, il Giappone accetta le richieste degli Stati Uniti e apre le porte al resto del mondo.

Capitolo 1: La Restaurazione Meiji

Con il termine Restaurazione Meiji si intende la completa dissoluzione del sistema di governo feudale del Giappone e il ritorno del vecchio sistema imperiale. La classe dominante dei samurai era già preoccupata da decenni per la capacità dello shogun di mantenere la nazione al sicuro. In più, dopo oltre due secoli di isolamenti, sempre più paesi occidentali cercavano di convincere gli shogun ad aprire i confini del Giappone. Tutti questi fattori si combinarono per creare un desiderio collettivo di unire il paese sotto un governo centralizzato che non solo avrebbe lavorato per costruire un esercito forte, ma avrebbe anche mantenuto il territorio nazionale al sicuro dal dominio straniero.

Si può tranquillamente affermare che il Giappone ha subito immensi cambiamenti in seguito alla restaurazione Meiji. Questi cambiamenti includevano:

- La creazione di una costituzione e l'istituzione di un sistema di governo parlamentare formale.
- La completa dissoluzione del sistema feudale esistente, con tutti i diritti e i privilegi della classe feudale.
- Investimento e formazione di un esercito nazionale.
- Adottare una politica e un sistema di istruzione nazionale.
- Sviluppo di nuove infrastrutture per la comunicazione e il trasporto.

Non si può fare a meno di ammirare come il Giappone abbia iniziato a svilupparsi. Fino al XIX secolo il Giappone era un Paese prevalentemente agricolo, con gli shogun che esercitavano la massima autorità politica. Dopo la rivoluzione politica del 1868, assistiamo ad una sorta di "occidentalizzazione" del paese.

Che cos'è l'occidentalizzazione?

In parole povere, l'occidentalizzazione è l'appropriazione di pratiche culturali e di stile di vita originarie dell'Europa occidentale da parte di persone di Paesi e strutture sociali di altre parti del mondo. Poiché il Regno Unito ha trascorso gran parte del XIX secolo a colonizzare altre parti del mondo, l'occidentalizzazione è stata spesso imposta ai Paesi conquistati.

A ciò si aggiunse la dimensione religiosa dell'aumento delle conversioni al cristianesimo. In alcuni casi, l'occidentalizzazione è avvenuta a causa dell'infiltrazione culturale dovuta all'apertura degli scambi e del commercio tra i diversi Paesi. Con la sua diffusione dovuta al colonialismo e, appunto, al commercio, e con l'impatto della globalizzazione, le persone sono arrivate a considerare i modi di vita occidentali come "indicativi dell'essere moderni", ed è diventato un elemento culturale pervasivo.

L'occidentalizzazione è iniziata con i colonizzatori, i missionari e i commercianti dell'Europa occidentale. Tra queste culture c'era un senso di superiorità intrinseca, un senso di "la mia cultura è suprema", soprattutto nei confronti dei Paesi che avevano annesso. I popoli delle nazioni che occupavano erano talvolta costretti e talvolta incoraggiati ad adottare le pratiche occidentali (europee), compreso il loro stile di vita, i modelli di linguaggio, l'abbigliamento, gli alfabeti e le lingue.

A volte, l'adozione di questi modelli era un segno di status elevato: ad esempio, in India, in particolare nel Bengala occidentale, si assistette all'ascesa della classe Babu, che si considerava completamente occidentalizzata e quindi sviluppata. I popoli colonizzati furono anche incoraggiati ad adottare i sistemi educativi, l'arte e la letteratura europei. Molti furono anche sottoposti a politiche amministrative e militari che furono loro imposte.

L'occidentalizzazione in Giappone non è stata invece facile ed immediata come in altri paesi (anche paesi che non hanno subito colonizzazioni), a causa, appunto, della loro cultura intrinsecamente chiusa. Dopo anni di pressioni, soprattutto americane, il Giappone fu però costretto a "cedere" e ad aprirsi, e questo ebbe sicuramente degli effetti positivi per quanto riguarda la credibilità internazionale del paese asiatico, facendolo diventare un'assoluta potenza della regione in pochissimi decenni. Gli sforzi e le iniziative di Meiji portarono a numerosi miglioramenti, i più significativi dei quali furono l'istituzione di una costituzione, di una legislatura, dell'alfabetizzazione, di infrastrutture nazionali distintamente moderne e di un esercito permanente e potenziato. La Restaurazione Meiji aiutò il Giappone a diventare una grande potenza industriale tra la fine del 1800 e l'inizio del 1900. Riaprì il Paese, aprendo la strada ai trionfi economici e militari in Asia orientale e sul fronte del Pacifico negli anni successivi.

Il 3 gennaio 1868, l'antica capitale imperiale di Kyoto fu teatro di una presa di potere militare. Tokugawa Yoshinobu, l'ultimo shogun del Giappone, fu dichiarato deposto e il giovane imperatore Meiji fu insediato come nuovo sovrano del Paese. Yoshinobu si arrese all'esercito imperiale nel giugno 1869, ponendo di fatto fine al conflitto.

Struttura

Quando l'imperatore Meiji fu nominato alla guida del Giappone nel 1868, il Paese aveva perso molto del suo splendore. Mancava di abilità militare, si affidava troppo all'agricoltura e aveva poco da mostrare per quanto riguarda i progressi tecnologici. Il dominio di migliaia di shogun (signori feudali) semi-indipendenti, coinvolti in continue guerre civili, si aggiungeva a questa situazione. Le potenze occidentali (Europa e Stati Uniti) avevano già costretto il Giappone a firmare trattati che riducevano drasticamente il suo controllo sul commercio e gli scambi con l'estero, oltre a imporre un'insolita imposizione. I crimini commessi da stranieri in Giappone non potevano essere giudicati dai tribunali giapponesi, ma solo da quelli occidentali, indipendentemente dal fatto che fosse coinvolto un giapponese.

Per merito dell'imperatore Meiji, nel 1912 (anno della sua morte) il Giappone era finalmente riuscito a cambiare. Ora disponeva di un sistema di governo intensamente centralizzato e vincolato a regole ben precise, con una costituzione e un parlamento eletto, un sistema di trasporti e comunicazioni altamente sviluppato, una popolazione istruita e libera da imposizioni e pregiudizi di classe feudale, una marina e un esercito potenti e un settore industriale in rapida crescita che traeva ispirazione dagli ultimi sviluppi

16

tecnologici. Il tutto ad una velocità impressionante, caratteristica che ha poi sempre avuto il Giappone anche nei decenni successivi, fino ai giorni nostri.

In seguito a due guerre (una delle quali contro un'importante potenza europea, la Russia), il Giappone riacquistò la completa indipendenza e la parità negli affari internazionali, riprendendo il controllo del commercio estero e del sistema legale. Il Giappone aveva rispettato, e forse addirittura superato, le sue ambizioni e trasformò l'intera società nel corso del mezzo secolo successivo.

Molti si chiedono perché e come il Giappone sia riuscito ad assorbire rapidamente le istituzioni democratiche, economiche e sociali occidentali dopo la sua rapida modernizzazione. È una domanda molto pertinente e parte della risposta può essere trovata nella restaurazione Meiji. Si trattò di una rivoluzione culturale e politica che depose gli shogun e permise di ripristinare i poteri dell'imperatore. Si trattava, però, solo di una formalità, perché non era lui a prendere le decisioni direttamente – o almeno non tutte.

L'imperatore era obbligato a seguire tutti gli ordini impartitigli da coloro che avevano sconfitto lo shogun. Si trattava di un numero ristretto e influente di persone, formato a giovani ambiziosi e potenti, spinti dal nazionalismo, e provenienti dai più alti ranghi di samurai. Inizialmente i domini feudali continuarono a fornire assistenza militare e commerciale, seppure in forma diversa rispetto a prima.

Uno degli aspetti più interessanti di questo gruppo di persone al potere fu la rapidità con cui si fece spazio tra i ranghi militari ed economici per ottenere il controllo completo del Paese. Nell'estate del 1869, i signori feudali erano già stati invitati a cedere il controllo dei loro domini e, nel 1871, questi domini erano stati completamente distrutti ed erano diventati province di uno Stato unificato a livello centrale. Il governo optò poi per l'uguaglianza sociale di tutte le classi sociali, e i samurai persero definitivamente il loro potere e i loro diritti di classe, sciogliendo di fatto un'istituzione che durava da secoli e secoli. Gli ultimi samurai rimasti intrapresero comunque importanti carriere nel mondo del commercio e delle professioni.

Nel 1872 fu centralizzata e regolamentata l'unità militare, e fu introdotto l'obbligo di tre anni di leva militare a tutti i maschi. Le forze di ciascun regno vennero quindi smantellate e inglobate nel nuovo sistema unico. Istituendo un sistema di tassazione fondiaria nazionale che richiedeva il pagamento in valuta anziché in riso, il governo riuscì a mantenere intatto il bilancio nazionale. Questo denaro poté essere utilizzato dall'amministrazione per rafforzare il Paese.

Curiosità: perché il periodo Meiji è indicato come l'origine del Giappone moderno?

Consideriamo, innanzitutto, le circostanze che portarono alla nascita della restaurazione Meiji. Il Giappone si trovava in una situazione economica difficile, aggravata dall'aumento delle guerre agrarie e dall'insoddisfazione generale della popolazione per le condizioni di vita. Se proviamo a metterci nei panni del cittadino medio giapponese tra il 700 e l'800, ci rendiamo conto che non conduceva proprio una vita eccellente: affitti alle stelle, tassazioni elevate, spese obbligatorie (es. l'obbligo all'istruzione), servizi militari, disuguaglianza data dal sistema delle classi sociali, e tanto altro. Il tutto in un ambiente vecchio, poco stimolante, tecnologicamente indietro di secoli rispetto al resto del mondo e fermo. È palese quindi che serviva una scossa, che arrivò con l'abolizione dell'antica struttura sociale Tokugawa nel 1871. Tra il 1871 e il 1873 fu promulgata anche la legislazione fondiaria e fiscale, per gettare le basi dell'attuale politica fiscale.

Furono creati atti e le proprietà furono valutate al giusto valore di mercato, con una tassazione in denaro anziché in natura. Le riforme Meiji portarono lo spostamento della capitale definitivamente a Edo, poi rinominata Tokyo. Agli ex samurai era vietato mostrare abbigliamento o tagli di capelli che richiamassero al vecchio ruolo (piccola curiosità: ai tempi ci fu un boom dei tagli di capelli maschili "all'occidentale"). Trentanove castelli furono salvati dopo che il governo Meiji dichiarò la demolizione di 144 castelli nel 1873. Tranne dodici, furono tutti distrutti durante la Seconda guerra mondiale.

I leader Meiji riconobbero che la conoscenza scientifica europea si basava sull'analisi e sull'evidenza scientifica piuttosto che sui precetti morali e sull'anzianità, e applicarono questi principi al proprio Paese. Furono istituiti un nuovo sistema educativo e finanziario e l'importazione di sofisticati armamenti, ferrovie e telegrafi occidentali. Linee ferroviarie, cantieri navali, impianti di munizioni, miniere, fabbriche tessili e stazioni agricole sperimentali furono tutti costruiti in questo periodo. Il 1° gennaio 1873 il Giappone adottò il calendario gregoriano e da allora i due sistemi di calendario coesistono.

Il governo compì sforzi significativi per modernizzare le forze armate, istituendo un piccolo esercito permanente, un massiccio sistema di armamenti e richiedendo a tutti i maschi il servizio obbligatorio. I cadetti giapponesi furono inviati in accademie militari e navali in Europa e negli Stati Uniti per comprendere meglio altri sistemi militari. Masujiro Omura, un comandante che fu il pioniere dell'idea di arruolare contadini e operai accanto ai samurai, contribuì a creare l'esercito moderno del Giappone. Omura fu assassinato da samurai armati di spada, non contenti per la sparizione della loro categoria come era intesa prima di questa rivoluzione.

Il sistema feudale giapponese fu smantellato pacificamente nel 1868 e nel 1869 e fu sostituito da una nuova aristocrazia imperiale grazie all'acquisto da parte del governo riformatore delle terre detenute dai Daimyo. Il dominio dei Daimyo fu diviso nelle regioni che esistono oggi.

Molti ex Samurai ebbero successo in altri ambiti dell'economia: amministratori, insegnanti, forze civili (soprattutto polizia), giornalisti o semplicemente intellettuali. Non mancarono anche Samurai trasformati in banchieri e imprenditori, molto attivi nel commercio. Questo alleviò in parte il malcontento generale della categoria, in quanto ricevette comunque un grande supporto per il ricollocamento lavorativo. Non mancarono comunque gli elementi che fallirono nella loro nuova vita, e questo negli anni provocò una resistenza, comunque, non indifferente in alcuni casi.

Detto ciò, ci troviamo nel nuovo contesto che costituisce la base di quello che sarebbe poi diventato il Giappone moderno e, quindi, contemporaneo.

Arte e cultura durante il periodo Meiji

Forse il nome dato a questo periodo, usando il termine "restaurazione", indica l'intenzione di inaugurare una nuova era di governo illuminato, rifondando praticamente da zero tantissimi concetti non solo economici e militari. È in questo contesto di novità, quindi, che abbiamo tutti i grandi cambiamenti nei principali settori della vita. Il periodo Meiji fu infatti un'epoca di grandi innovazioni nel campo dell'economia, delle strutture sociali, della politica, dell'amministrazione, della cultura e delle arti. Nel tentativo di modernizzare la propria amministrazione in modo da poter competere con le potenze internazionali, il Giappone adottò una costituzione imperiale che prevedeva libertà prima inimmaginabili. Insieme a questa libertà, l'infiltrazione della tecnologia e delle idee degli imperi stranieri portò al superamento di epoche di esclusione e alla nascita di nuove forme di arte e cultura.

È ragionevole supporre che l'ammirazione del governo Meiji per le idee occidentali abbia portato gli studenti giapponesi a sviluppare una migliore comprensione dell'arte europea, da cui poi presero spunto per creare interessanti opere uniche che mischiavano lo stile europeo con quello orientale. Il commercio d'esportazione fu promosso dall'amministrazione Meiji come mezzo per promuovere la grandezza nazionale del Giappone, anche grazie al boom delle fiere internazionali, molto popolari in Occidente. Anche i turisti stranieri contribuirono alla diffusione della cultura giapponese. La nomina di brillanti pittori al servizio delle corti da parte dei tribunali imperiali scatenò un'ondata di creatività e accelerò i progressi nel design e nelle tecniche di produzione. Il governo sperava di alleviare il dolore provato dagli artisti in seguito alla scomparsa dello shogunato, che aveva portato alla perdita del tradizionale mecenatismo feudale.

La rivoluzione tecnologica degli armamenti e la scomparsa dei samurai portarono ad un interessante fenomeno, ossia quello dei fabbri ex produttori di spade e armamenti che iniziarono a creare sculture in bronzo, cambiando totalmente la loro clientela.

Negli anni Settanta del XIX secolo emerse una nuova scuola di pittura giapponese nota come "yoga", che incorporava elementi di stili e metodi occidentali. Antonio Fontanesi, un artista pioniere dello yoga e insegnante d'arte per due anni all'università di Tokyo, fu consigliere di Meiji per gli affari esteri. Fontanesi fu assistito nell'insegnamento della pittura a olio da Takahashi Yuichi. Altri artisti giapponesi, come ad esempio Kuroda Seiki, andarono in Francia a studiare i tipi contemporanei di arte, e inondati dall'atmosfera artistica di quel periodo a Parigi, portarono in Estremo Oriente tecniche e stili moderni come l'impressionismo, l'art nouveau o opere ispirate alla scuola di Barbizon.

In quei decenni ritornò in auge la pittura Nihonga, che enfatizzava i mezzi, i soggetti e i metodi tradizionali giapponesi. Tuttavia, anche il Nihonga subì interessanti modifiche, essendo influenzato anch'esso dall'estetica europea. Possiamo quindi dire che l'arte del periodo Meiji è un mix tra vecchio e nuovo, tra oriente e occidente, e fonde diversi mondi in un panorama artistico decisamente unico nel suo genere - sebbene non vibrante ed esplorativo come quello europeo, soprattutto francese.

Una tecnica molto in voga ai tempi era il cloisonné, ossia una tecnica artistica di decorazione dei metalli (solitamente ottone o rame) con l'inserimento di sottili strisce metalliche saldate sulla superficie per formare compartimenti o celle. Questi compartimenti vengono poi riempiti con smalti colorati, creando un effetto visivo vibrante e dettagliato. Il risultato finale è spesso utilizzato per ornamenti, gioielli e oggetti d'arte. Questo nuovo metodo si è rivelato un modo fruttuoso per esprimere una forma d'arte tradizionale in senso contemporaneo sotto gli auspici del modernismo Meiji, nonostante il suo status di opera d'arte relativamente insignificante fino a quando gli artigiani non hanno conosciuto i materiali e le tecniche europee nelle generazioni precedenti il periodo Meiji.

La modernizzazione della società giapponese e la riorganizzazione dello Stato-nazione portarono a cambiamenti significativi nella vita urbana. Come risultato di questo cambiamento, nuovi modi di vivere e stili architettonici per le istituzioni pubbliche e le residenze private si ispirarono alle nozioni occidentali. Per la costruzione di nuove strutture si utilizzarono mattoni e pietra al posto del legno. Grazie a progettisti come Ito Chuta, che fondevano influenze straniere e locali, nacque uno stile architettonico cosmopolita, che fu determinante per stabilire norme di conservazione culturale per monumenti storici come templi e santuari.

Dopo una serie di versioni fallite nel corso degli anni, la nazione riuscì ad approvare una nuova e distinta costituzione nel 1889. Grazie alla Costituzione Meiji, il Giappone riuscì a farsi apprezzare a livello internazionale come Paese politicamente avanzato. Un'altra ragione per cui la sua reputazione nel teatro internazionale migliorò fu la guerra sino-giapponese del 1894-95, che stabilì la capacità del Giappone di combattere una guerra moderna. L'imperatore Meiji morì nel 1912, quando ormai il Giappone era progredito economicamente, politicamente e socialmente al punto da essere considerato un Paese sviluppato al pari delle potenze occidentali.

Il paradosso: il clima internazionale

L'atmosfera generale in Giappone a cavallo tra XIX e XX secolo era molto particolare e controverso: se da una parte l'industrializzazione, l'occidentalizzazione e la modernizzazione erano visti di buon occhio per promuovere gli obiettivi nazionali, dall'altra parte i giapponesi volevano comunque difendersi dagli effetti dell'imperialismo occidentale, e mantenere intatta la Nazione sia da un punto di vista culturale che, soprattutto, da un punto di vista territoriale e militare. Così, se da un lato ritenevano che prendere in prestito attrezzature e conoscenze dall'Occidente avrebbe portato benefici al Paese, dall'altro lavoravano per costruire l'esercito per quando sarebbe arrivato il momento di difendere le loro terre dall'influenza coloniale.

Nel 1894, il Giappone dichiarò guerra alla Cina per interessi comuni in Corea, che la Cina aveva effettivamente rivendicato come stato vassallo e tentato di conquistare definitivamente. Ciò significa che, di fatto, il Giappone era sceso in battaglia per difendere la Corea, che vedeva come uno stato in grado di funzionare autonomamente e di creare relazioni commerciali con il Giappone - cosa che sarebbe venuta a mancare, magari anche solo parzialmente, in caso di conquista da parte dei cinesi. Ricordiamoci infatti che la Corea è la Nazione straniera più vicina al Giappone, distante solo pochi km dalla costa nipponica, ed è sempre stato uno snodo fondamentale per gli scambi tra il Giappone e il resto del continente asiatico. A livello internazionale, nessuno avrebbe creduto in una vittoria giapponese contro la potenza cinese, tanto che molti non capivano come mai il Giappone si fosse messo in una situazione del genere. Sorprendentemente, però, il Giappone vinse la guerra e non solo, occupò anche Taiwan e la rese una sua colonia, lasciando perplessi e preoccupati alcuni dei paesi più potenti del mondo, che a quel punto non sapevano come vedere il Giappone. Era diventata una nuova potenza mondiale? Era un pericolo per gli altri? Stavamo assistendo alla nascita di una nuova potenza coloniale al pari di Regno Unito, Francia ecc.?

In quel periodo, diversi Paesi europei avevano iniziato a rivendicare diritti specifici all'interno della Cina. I francesi, con le loro colonie indocinesi (gli attuali Laos, Cambogia e Vietnam), avevano una roccaforte nella Cina meridionale. Anche i britannici vantavano diritti nella Cina meridionale, vicino a Hong Kong, e in seguito in tutta la valle dello Yangtze. I russi erano particolarmente interessati alla Cina settentrionale perché stavano costruendo un sistema ferroviario che collegava la Manciuria alla Siberia.

In seguito all'inaspettata vittoria del Giappone sulla Cina, quest'ultima firmò un trattato con il primo, in base al quale il Giappone ottenne il controllo della penisola cinese di Liaotung. Ciò si aggiunge all'annessione di Taiwan. Tuttavia, va notato che la vittoria del Giappone non durò a lungo. Una settimana dopo questi eventi, le potenze straniere (in particolare Russia, Germania e Francia) costrinsero la Cina, ovviamente supportata dalle potenze occidentali, a fare pressione sul Giappone affinché rinunciasse a qualsiasi diritto sulla penisola di Liaotung. La goccia che fece traboccare il vaso e innervosì non poco il Giappone fu il fatto che, appena dopo, la Russia prese il controllo della stessa penisola fino a poco tempo prima presa dai giapponesi.

Questo fatto incrementò ancora di più la voglia del Giappone di farsi rispettare a livello internazionale e conquistare una posizione privilegiata nello scacchiere politico internazionale, anche per un "senso di superiorità" che le potenze occidentali hanno sempre dimostrato nell'atteggiamento verso di loro. Iniziarono quindi a investire una quantità incredibile di risorse economiche nelle forze armate, ancora più di quanto stessero già facendo. Quando i russi tentarono di sottrarre la Corea nel 1904, mai si sarebbero aspettati una risposta così feroce da parte dell'esercito nipponico, che li sconfisse. Il Giappone si era trasformato, quindi, in una manciata di decenni, da paese arretrato e agricolo, a potenza mondiale e impero coloniale dell'Asia orientale, prendendo il controllo su tutta la penisola coreana e il Mar della Cina.

1912-1914: Cambiamenti e guerra

Come già sottolineato più volte, il periodo Meiji vide una radicale trasformazione del Giappone sia internamente che nei confronti della scena politica internazionale. Da questo punto di vista, lo sviluppo più significativo fu la rapida espansione dell'esercito giapponese. Il Giappone riuscì a svilupparsi al punto da poter mantenere la propria posizione di Paese indipendente e sovrano di fronte alla crescente colonizzazione da parte dei Paesi occidentali. Anzi, divenne esso stesso un colonizzatore.

Dal 1912 al 1926 abbiamo il periodo Taisho, che segue le orme del periodo Meiji nella storia moderna del Giappone. Fu un periodo caratterizzato da tensioni internazionali, la Prima guerra mondiale e la minaccia incombente della Seconda guerra mondiale - che arrivò comunque una quindicina d'anni dopo. I cittadini giapponesi, avendo "assaggiato" i miglioramenti netti delle condizioni di vita, iniziavano a chiedere anche una maggior partecipazione politica e libertà sociali definitive. Questo avveniva in un momento in cui il sistema politico e il clima sociale del Giappone erano molto più aperti al cambiamento e al dinamismo rispetto al passato. Questo periodo sarebbe stato chiamato "*democrazia Taisho*". Perché, dunque, cresceva la richiesta di una maggiore partecipazione sociale e politica?

Fino alla Prima guerra mondiale, il Giappone aveva beneficiato di una crescita economica e di uno sviluppo molto importanti. I cittadini avevano una maggiore ricchezza nazionale e individuale, più tempo da dedicare a sé stessi e accesso a un'istruzione di maggior qualità. A tutto ciò si aggiunge il fatto che venne sviluppato - in tutto il mondo - un robusto sistema di comunicazione di massa, dove le notizie iniziavano a viaggiare in modo più veloce e capillare. I cittadini vivevano in prima persona e sulla loro pelle le influenze straniere, e l'impatto dei valori tradizionali della famiglia iniziò a scemare. Con l'industrializzazione e la modernizzazione, la società giapponese si stava avvicinando a quella capitalista come modo di vivere, quindi parliamo di efficienza, autonomia, indipendenza, consumismo e individualismo che andavano a soppiantare i vecchi sistemi sociali. Ci trovavamo di fronte, quindi, ad una Nazione estremamente efficiente, nazionalista, performante e ricca, ed è proprio in questo ambiente così frizzante che il Giappone vide l'ascesa della militarizzazione.

Tornando al discorso "partecipazione politica", il popolo giapponese iniziò a chiedere il suffragio universale maschile, che ottenne nel 1925. Tra il 1918 e il 1931, i partiti politici crebbero di importanza e furono in grado di nominare i propri primi ministri.

Non era tutto rose e fiori però, come spesso accade in periodi di grande trasformazione - specialmente se avviene così velocemente - il Giappone attraversò anche un momento di breve crisi economica dopo la fine della Prima guerra mondiale. L'ingresso del Giappone nella Prima Guerra Mondiale iniziò in realtà ben prima dell'inizio effettivo della guerra, già nel 1902, con la formazione dell'Alleanza anglo-giapponese. Il riconoscimento dei programmi e degli interessi comuni di entrambi i Paesi in Cina era il principio fondante e lo scopo principale dell'accordo. Tuttavia, c'era solo un piccolo accenno alla promessa di assistenza nel caso in cui una delle due parti firmatarie fosse stata coinvolta in una battaglia che coinvolgesse più di una singola potenza.

Per il Giappone, ciò avvenne quando la Gran Bretagna dichiarò guerra all'Austria-Ungheria il 12 agosto 1914, a corollario della già avvenuta dichiarazione di guerra alla Germania il 4 dello stesso mese. Come parte del loro trattato, il Giappone dichiarò guerra a entrambi i territori il 23 agosto.

A prescindere dalle implicazioni etiche e politiche del trattato, forse il motivo principale per cui il Giappone entrò nella Prima guerra mondiale fu la speranza che questo avrebbe favorito i suoi interessi in termini di riconoscimento come superpotenza globale. Se ci pensiamo bene, non avevano alcun interesse in ciò che stava accadendo in Europa in quel momento. Anzi, a dire il vero, il mancato coinvolgimento avrebbe forse favorito i loro interessi, in quanto gli europei sarebbero stati troppo preoccupati degli interessi nei loro territori per occuparsi della questione dei territori cinesi. Un'altra ragione per cui il Giappone scelse di essere coinvolto potrebbe essere il crescente risentimento per il trattamento riservatogli dalla Germania.

Sebbene il contributo del Giappone alla Prima Guerra Mondiale sia spesso trascurato, esso fu significativo. Essi contribuirono alla cattura della concessione tedesca di Qingdao, la città più settentrionale della Cina. La maggior parte della forza d'assalto, guidata dai giapponesi, era composta da 23.000 giapponesi e 1.500 soldati britannici e indiani della guarnigione di Hong Kong. Dopo otto giorni di battaglia, la guarnigione tedesca esaurì le munizioni e dovette arrendersi, segnando un'importante vittoria nella storia bellica del Sol Levante.

Dopo che i tedeschi ebbero sciolto la loro Divisione Est Asiatica nel settembre 1914 e gli australiani distrussero l'incrociatore dell'Oceano Indiano SMS Emden nel novembre 1914, la Marina giapponese fu in grado di difendere i passaggi marittimi nel Pacifico occidentale e nell'Oceano Indiano, a ulteriore conferma del ruolo di posizione dominante nell'Estremo Oriente.

Il Giappone si dimostrò essere un ottimo alleato dei britannici quando, a Singapore, ci fu un ammutinamento delle truppe indiane musulmane contro il governo britannico, il tutto con la Jihad ottomana in posizione di regia a guidare la rivolta. Ad aiutare i britannici e a riportare l'ordine furono proprio i giapponesi, guidati da 158 esperti marines. I britannici, anche come segno di ringraziamento, permisero ai giapponesi di basare le navi a Singapore. Possiamo quindi capire come, anche a livello strategico, i giapponesi usassero accordi e favori per espandersi sempre di più in tutta l'asia e aumentare la loro sfera di influenza.

La Marina giapponese mandò una discreta flotta (tre incrociatori e quattordici cacciatorpediniere) nel mar Mediterraneo e nella zona del canale di Suez per compiti di pattugliamento, supporto e ricerca antisommergibile. Anche questa missione si rivelò un discreto successo, in quanto fu persa una sola nave su 17 (il cacciatorpediniere Sakaki, silurato dal sommergibile U-27 tedesco). Nel luglio 1918, il Giappone promise di fornire 12.000 uomini come membri della Forza di Spedizione Siberiana per difendere, sorvegliare e gestire la Ferrovia Transiberiana. Dopo il crollo del 1920, i giapponesi rimasero, perdendo circa 5.000 soldati a causa delle malattie e delle cattive condizioni di vita.

Ad un'atmosfera ottimistica e piena di speranza data dai successi in campo internazionale, fece da contraltare un crescente malcontento della popolazione nei confronti del sistema dei partiti politici, ormai pieno di corruzione fino al midollo. Il Giappone si era ormai trasformato quasi in un'oligarchia, dove il settore industriale ed economico era dominato da pochissime enormi aziende note come *zaibatsu* (un contesto simile, se ci pensate, a quello che vediamo oggi in Russia e in alcuni paesi dell'est Europa e Asia centrale). È importante, poi, sottolineare, che non tutti erano d'accordo con le mire espansionistiche, sia internamente che, soprattutto, esternamente. La potenza nipponica e le palesi intenzioni a continuare a conquistare anche il resto dell'Asia resero via via più difficili le relazioni internazionali, in un contesto mondiale che stava diventando davvero complesso - e che infatti avrebbe poi portato alla Seconda guerra mondiale.

Il rifiuto occidentale delle ambizioni del Giappone di espandere la propria egemonia asiatica portò al potere i primi movimenti militari di destra, che assunsero con facilità il controllo della politica estera e interna - una sorta di nazionalismo popolare e suprematista molto pericoloso, tipico di quel periodo (ma non solo, come ben sappiamo in questi anni). Grazie all'influenza dei militari sul governo, il Giappone dichiarò un'ambiziosa offensiva militare in Asia, culminata, dopo ovviamente un lungo percorso, nel famoso attacco a Pearl Harbor del 1941.

Facendo un passo indietro e riassumendo, possiamo quindi dire che l'aspetto più importante dell'era Meiji fu la lotta del Giappone per il riconoscimento e l'uguaglianza con i Paesi occidentali. Il Giappone riuscì a stabilire nel Paese uno Stato industriale e capitalista di tipo occidentale. L'Occidente, invece, reagì negativamente quando il Giappone iniziò ad applicare le lezioni apprese dall'imperialismo europeo, come se alle potenze europee storiche non andasse bene che qualcun altro si comportasse come avevano fatto loro per secoli.

Per certi versi, il più grande svantaggio del Giappone è stato il suo ingresso tardivo nell'ordine internazionale dominato dall'Occidente. A causa dell'imperialismo e dell'agenda razzista che l'aveva preceduto, le nazioni occidentali non potevano permettere a un Paese estraneo e diverso dal punto di vista razziale di competere su base paritaria per le materie prime e i mercati. In Giappone era opinione diffusa che i Paesi occidentali applicassero standard diversi quando trattavano con i Paesi europei rispetto a una potenza asiatica in ascesa come il Giappone.

Riassunto del capitolo

Prima di andare avanti, prendiamoci un minuto per riassumere ciò che abbiamo trattato in questo capitolo.

- Intorno al 1867-68, l'era Tokugawa lasciò il posto al periodo Meiji. La capitale fu riportata da Kyoto a Tokyo e furono ripristinati i poteri imperiali dell'imperatore Meiji. I suoi poteri rimasero essenzialmente nominali e la vera sede del potere politico passò nelle mani di un piccolo gruppo di persone influenti.
- I giapponesi, come molte altre nazioni asiatiche che dovevano affrontare la colonizzazione, furono costretti a firmare trattati con i Paesi occidentali (decisamente svantaggiosi). I governanti alla guida del processo decisionale giapponese, d'altra parte, erano determinati a colmare il divario economico e militare che si era creato tra i Paesi occidentali e il loro. Ciò portò alla nascita di riforme radicali e l'inizio della "rimonta" giapponese dal punto di vista del prestigio internazionale.
- Il governo Meiji era deciso a trasformare il Giappone in un Paese democratico. Le divisioni gerarchiche sociali che si erano sviluppate durante l'epoca Tokugawa furono infine abolite. Di conseguenza, i samurai persero i loro privilegi politici e molti di loro si misero in affari e divennero mercanti di successo. Nel 1873, le riforme portarono anche all'istituzione della libertà religiosa e dei diritti umani.
- Fu introdotta la coscrizione militare universale e nacquero un nuovo esercito e una nuova marina. L'esercito e la marina furono modellati sugli stili militari europei. Per stabilizzare il nuovo governo, i Daimyo (signori feudali) furono costretti

a restituire tutte le terre all'impero. L'operazione fu completata entro il 1870.

- Il sistema educativo fu rimodellato seguendo le linee guida e i programmi di studio stranieri, in particolare le influenze francesi e tedesche. Una delle caratteristiche principali di questo periodo fu l'istruzione obbligatoria.

- Un aspetto molto interessante fu la rinascita dei sentimenti nazionalistici accanto all'occidentalizzazione, che includeva la rinascita del confucianesimo e delle pratiche religiose shintoiste.

- Per trasformare l'economia agraria, molti giovani studiosi furono inviati all'estero per essere istruiti nelle scienze e nelle lingue occidentali. Di conseguenza, gli esperti stranieri nel campo dell'istruzione hanno distribuito le loro conoscenze all'interno delle istituzioni educative in Giappone.

- I trasporti e le comunicazioni migliorarono grazie ai consistenti investimenti governativi. Il governo ha inoltre sostenuto la crescita delle industrie e delle imprese, in particolare delle zaibatsu (grosse imprese).

- Nell'ambito della politica nazionale, la prima costituzione modellata sullo stile legislativo europeo fu introdotta in Giappone nel 1889. Fu istituito il parlamento giapponese. L'imperatore mantenne la sua sovranità e rimase il capo nominale del potere militare, navale, legislativo e amministrativo. Il potere reale, tuttavia, rimase in mano a un piccolo gruppo e l'imperatore fu per lo più costretto a seguire le loro indicazioni.

- Una crisi finanziaria scosse il Giappone a metà degli anni Ottanta del XIX secolo e segnò la rinascita del sistema valutario, che a sua volta portò alla nascita della Banca del Giappone.

- Tra il 1894 e il 1895 si svolse la guerra sino-giapponese. Il Giappone sconfisse la Cina, annetté Taiwan e altri territori cinesi e alla fine fu costretto da una coalizione di potenze occidentali a restituire molti dei territori conquistati. Il triplice intervento costrinse i giapponesi a intensificare l'esercito e la marina.

- I conflitti intorno alla Manciuria e alla Corea esacerbarono la guerra russo-giapponese tra Russia e Giappone tra il 1904 e il 1905. I giapponesi vinsero e aumentarono la loro presenza in Corea, che riuscirono ad annettere completamente entro il 1910. Ciò spinse il Giappone alla guida degli affari internazionali e gli conferì una buona dose di rispetto. Le vittorie internazionali culminarono in un aumento della fiducia nazionale.

- Il periodo si concluse nel 1912 con la fine dell'Impero Meiji.

Capitolo 2: Il periodo Taisho e le guerre mondiali

Con l'avvento del XX secolo, abbiamo già visto che l'obiettivo del Giappone di affermarsi come forza globale da tenere in considerazione era diventato realtà. Il Giappone aveva già stabilito il suo potere, il suo ordine e la sua ambizione dopo la vittoria decisiva sulla Russia. Erano riusciti a riformare le strutture amministrative, politiche e sociali del Paese all'interno. Inoltre, l'istruzione stava migliorando e diventando più accessibile. Erano sulla buona strada per diventare la prima nazione asiatica (e, di fatto, la prima nazione non occidentale) a diventare industrializzata. Nonostante tutti questi risultati, i leader amministrativi erano insoddisfatti.

C'era infatti una crescente preoccupazione per il futuro del Giappone. Il mondo stava rapidamente evolvendo, non solo in Giappone, e in un contesto di grandi energie in movimento come quello nipponico questi cambiamenti potevano destabilizzare ancora di più l'ambiente e renderlo, paradossalmente, una polveriera. Sto parlando di movimenti come l'anarchismo, la nascita dei sindacati e di vari movimenti sociali, soprattutto per i diritti delle minoranze e delle donne. Tutto questo poteva distogliere la popolazione giapponese dal focus principale di nazionalismo e rispetto internazionale. In termini di politica estera, dal momento che il Giappone era già entrato nel gioco della colonizzazione, crescevano le pressioni per dimostrare il proprio potere cercando di espandersi ulteriormente, specialmente in Manciuria. La Manciuria, regione cinese vicina alla Corea e dall'alto potenziale in fatto di strutture e risorse naturali, era l'obiettivo "naturale" da ottenere per il Giappone per voler essere definitivamente uno dei paesi più potenti del mondo. Il popolo stava però iniziando a stancarsi di tutto ciò, in parte perché non tutti erano a favore di questa politica così aggressiva, ma soprattutto perché il peso economico e fiscale per sostenere il bilancio militare stava cominciando a diventare un problema, aumentando così il malcontento generale.

Se da una parte la guerra russo-giapponese è stata un successo per quanto riguarda la reputazione internazionale, grazie ad una roboante vittoria contro una potenza globale, dall'altra parte bisogna però dire che il costo è stato elevatissimo. Furono infatti oltre centomila le vittime giapponesi. A peggiorare le cose, il Giappone si era profondamente indebitato a causa dei prestiti contratti con le potenze straniere per finanziare la guerra. Questo significava che non solo dovevano ripagare i prestiti, ma dovevano anche mantenere il loro esercito all'estero.

Inoltre, contrariamente alla vittoria contro la Cina, i trattati non prevedevano che la Russia pagasse al Giappone un'indennità di guerra. Questa fu un'enorme delusione per il popolo giapponese, che aveva già subito molto, e la sfiducia verso le alte cariche dello stato si fece sentire. I burocrati corrotti e il fatto che i primi ministri erano ancora scelti tra le persone più vicine all'imperatore facevano sentire il popolo molto distante da quello che succedeva ai piani alti.

Quando vennero annunciati i termini del trattato, a Tokyo si verificò una sommossa diffusa. A ciò si aggiunse l'ambiente di lavoro sempre più pericoloso all'interno delle industrie, dei campi agricoli e delle fabbriche. La popolazione aveva iniziato a mettere in discussione il modo in cui il governo stava gestendo il Paese, che cominciava a sembrare una farsa. E questo era giustificato dal fatto che, temendo agitazioni sindacali, nel 1900 il governo compì azioni che portarono la Nazione nella direzione opposta rispetto all'immagine democratica che cercava di proiettare. Le due operazioni più scandalose furono il divieto di scioperi e attività sindacali e il blocco delle attività del Partito Socialista.

L'ambiente appena formatosi era molto complesso, con ribellioni che iniziavano a nascere in ogni dove. Nonostante la disapprovazione del governo, i cittadini scelsero comunque di partecipare ai sindacati e alle loro attività, fregandosene dei divieti. I contadini che lavoravano su terreni in affitto o che vivevano in strutture in affitto cominciarono ad esprimersi contro le tariffe esorbitanti dei proprietari. Un numero sempre maggiore di persone divenne radicale nell'esprimere il proprio malcontento nei confronti del governo.

Nel 1911 si verificò un famosissimo incidente diplomatico interno, per colpa di una condanna a morte di presunti anarchici che avevano tentato di assassinare l'imperatore Meiji. Questa forte repressione non fece altro che aumentare le rivolte. Ad esempio, nel 1918, contadini e casalinghe manifestarono contro l'aumento dei prezzi del riso. Più di un milione di persone parteciparono a rivolte nazionali, attaccando negozi e rivenditori di riso, nonché edifici governativi. Alla fine, in un contesto così caotico, il Primo Ministro fu costretto a dimettersi.

La transizione da Meiji a Taisho

Nonostante i problemi sociali di cui abbiamo appena parlato, è importante però ricordato che l'imperatore Meiji era molto amato e rispettato, in quanto, alla fine, era lui la figura associata al miglioramento delle condizioni generali del Giappone su così tanti aspetti.

La nazione pianse la perdita dell'imperatore nel 1912, soprattutto per ciò che raffigurava: una rappresentazione della modernità contro una stirpe conservatrice. Un altro fattore determinante è stato probabilmente il modo in cui, durante il governo Meiji, il popolo giapponese ha creato un'identità nazionale comune, la sensazione di essere "intrinsecamente giapponese". Essi collegarono la nascita e lo sviluppo di questa identità all'immenso rispetto che nutrivano per l'imperatore.

All'imperatore Meiji successe il figlio, l'imperatore Taisho. A questo punto il Giappone si stava avviando a diventare un Paese ricco e stabile e il processo di sviluppo di un'identità nazionale era ben avviato. Purtroppo, l'imperatore Taisho non fu in grado di svolgere un ruolo attivo nel governo a causa di una meningite cerebrale che lo aveva colpito da neonato e che gli aveva causato molti problemi nell'istruzione e nella comprensione. Aveva quindi un ruolo per lo più rappresentativo, e operava di nascosto alla vista del pubblico, in quanto la sua fragilità mentale non gli permetteva di sopportare l'esposizione alle grandi masse.

In effetti, ci sono stati molti resoconti bizzarri sull'imperatore Taisho, tra cui uno del primo giorno di sessione del parlamento nel 1913. Doveva leggere un discorso scritto appositamente per lui. Invece di farlo, lo arrotolò in un tubo e lo usò come telescopio. Per tutti i motivi, era inadatto a governare e nel 1919 era sparito dalla circolazione. Nel periodo successivo, l'imperatore Showa (suo figlio) fu nominato suo reggente.

La buona notizia è che il tasso di crescita economica ha continuato ad accelerare e di conseguenza il governo ha funzionato in modo ottimale, con o senza un capo di Stato nominale.

Stile di vita nella democrazia di Taisho

Negli anni Venti, il Giappone era arrivato ad un punto tale per cui la maggior parte della popolazione viveva nelle città e nei sobborghi. Nello sviluppo urbano il Giappone è sempre stato molto avanzato, e anche questo periodo non fece eccezione: i trasporti pubblici erano in perenne espansione (erano già presenti reti di autobus molto vaste e capillari, e nel 1927 fu inaugurata la prima metropolitana in Asia, a Tokyo). Si creò quindi una società con una classe media molto forte, aumentarono i posti di lavoro dei colletti bianchi e il pendolarismo diventò una consuetudine. Molte famiglie avevano successo finanziario e potevano permettersi incontri sociali, viaggi e divertimenti. Era quindi un'epoca molto vivace.

Vita quotidiana e abitudini alimentari

Il tasso di alfabetizzazione aumentò, dando luogo a un boom editoriale. Vennero pubblicati giornali, periodici, libri e riviste e il sistema educativo universale del Giappone iniziò a raccogliere i frutti dell'istruzione obbligatoria per tutti i cittadini. Mentre l'ambiente politico cambiava radicalmente, la vita sociale e culturale era un'interessante miscela tra il vecchio e il nuovo, tra modernità e tradizione. Se ci pensate, questo è un aspetto che il Giappone conserva ancora oggi: una società a metà tra il tipico individualismo capitalista occidentale e il senso di società e tradizione più vicino alle culture orientali, in un dualismo decisamente unico al mondo, nel bene e nel male. Mentre gli uomini erano in giacca e cravatta per il lavoro, quando tornavano a casa rientravano immediatamente nel comfort dei loro abiti tradizionali. Mentre alcune donne adottavano la moda occidentale, la maggioranza preferiva l'estetica del kimono, sia in casa che fuori.

Anche per quanto riguarda la cucina si può fare un discorso simile, in quanto sono sì entrati nel paese molti cibi e abitudini alimentari occidentali, ma i giapponesi li hanno "fatti loro" e hanno fatto in modo che queste abitudini andassero ad integrare o a migliorare il cibo giapponese, senza ovviamente sostituirlo. Basti pensare, ad esempio, al celebre Tonkotsu (la cotoletta di maiale giapponese), che è un piatto di palese ispirazione occidentale, che i giapponesi hanno saputo rendere loro, modificare, ed esportare a loro volta come "cibo tipico giapponese". Tutto questo ha contribuito a rendere la cucina giapponese una delle migliori al mondo anche ai giorni nostri.

Altre tradizioni, invece, non sono state minimamente intaccate neanche dalle influenze occidentali e sono rimaste parte integrante della cultura e tradizione nipponica. Un esempio su tutti è la cerimonia del tè.

1923: Il terremoto

In questo periodo così florido, vibrante e pieno di cambiamenti, ci fu un evento che però scosse pesantemente la popolazione giapponese: sto parlando del grande terremoto del Kanto del 1923, che devastò totalmente l'omonima pianura e devastò le città di Tokyo, Yokohama e le prefetture circostanti di Chiba, Kanagawa e Shizuoka. La maggior parte delle abitazioni della capitale crollò o prese fuoco, e i danni furono incalcolabili. L'evento causò la morte di oltre 130.000 persone.

A tutto questo si aggiunse poi la fase successiva del disastro, in cui non mancarono saccheggi e lotte tra la popolazione devastata. Il governo pensò addirittura di spostare la capitale a Seul, in quanto la Corea era all'epoca sotto il controllo giapponese.

A proposito di Corea, furono proprio i coreani residenti nella capitale una delle comunità più colpite dal terremoto, non solo per gli effetti diretti, ma anche per quelli indiretti successivi all'evento. Si diffusero infatti fake news che sostenevano che i residenti coreani erano i maggiori responsabili dell'avvelenamento dei pozzi giapponesi e dei saccheggi che avvenivano frequentemente nelle zone colpite, e ciò provocò violenze di stampo razzista verso questa minoranza. Si creò quindi a Tokyo un'atmosfera di confusione e caos che durò anni.

Partiti politici

Durante la stagione elettorale del 1910, molti funzionari di partito salirono al potere. Questi funzionari erano per lo più formati da burocrati che avevano superato gli esami per il servizio civile ed erano stati nominati funzionari, in quanto non esisteva, ai tempi, una politica che permettesse di candidarsi indipendentemente. I responsabili dei partiti cercavano di ottenere il favore politico collaborando con i burocrati e sponsorizzando piani di sviluppo regionale. Avevano un potere significativo: potevano porre il veto sul bilancio.

La Costituzione giapponese prevedeva che la Camera bassa del Parlamento avesse il diritto di approvare il bilancio, in caso contrario sarebbe rimasto in vigore il bilancio dell'anno precedente. Dato che il Giappone era in uno stato di costante espansione sotto ogni aspetto, utilizzare il bilancio dell'anno precedente non era mai una buona soluzione. I politici dei partiti opposti contrattavano con i burocrati, promettendo di sostenere i piani di bilancio in cambio di concessioni sui propri programmi.

Tra il 1918 e il 1932, i primi ministri furono per lo più eletti dai rispettivi partiti politici. Solo nel 1925 il Parlamento concesse a tutti i cittadini maschi il diritto di voto. In quell'anno il Parlamento approvò anche la Legge per il mantenimento della pace. Questa norma limitava gli argomenti che potevano essere dibattuti o discussi. Le rivolte governative e i movimenti abolizionisti, ad esempio, furono dichiarati illegali.

Donne durante il Periodo Taisho

Il periodo Taisho vide una maggiore partecipazione femminile alla vita pubblica, ad eccezione della candidatura alle elezioni e del diritto di voto. L'imperatrice Shōken (consorte di Meiji) era solita visitare i soldati feriti negli ospedali e in generale si faceva vedere molto spesso dalla popolazione, diventando quindi molto amata sia dagli uomini che dalle donne, ed esempio da seguire per queste ultime. Durante la guerra russo-giapponese migliaia di donne entrarono a far parte dell'Associazione patriottica delle signore per poter contribuire in vari modi a sostenere i soldati durante la guerra. Molte di loro servirono anche come infermiere nell'unità giapponese della Croce Rossa.

La società giapponese era però ancora molto conservatrice, e oltre a non partecipare alla vita politica, alle donne veniva richiesto soprattutto di essere buone madri e buone mogli. Le madri, anzi le famiglie, allevavano le loro figlie con determinate aspettative: dovevano sostenere i loro mariti in tutti gli ambiti della vita, far nascere e crescere i figli, educarli e gestire la casa. Lo stesso governo Meiji sosteneva questo ideale e si assicurava di esemplificare quelle donne che sacrificavano la loro individualità a favore della famiglia.

Tuttavia, solo le donne dell'alta società potevano permettersi di essere mogli e casalinghe a tempo pieno. La maggior parte delle altre aveva bisogno di lavorare per sbarcare il lunario. Tra i lavori disponibili per le donne dell'epoca c'erano le insegnanti, le commesse, le bigliettaie sugli autobus e le segretarie. Alcune donne, soprattutto quelle di campagna, lavoravano anche nelle fattorie e nelle fabbriche tessili.

Molte donne rifiutarono apertamente il ruolo di "buona moglie, buona madre" e il programma che ne derivava. Tra queste ci sono poetesse e scrittrici leggendarie come Hiratsuka Raicho e Yosano Akiko, entrambe diventate figure di spicco del movimento per i diritti delle donne. Un aspetto molto colorato (e controverso) di questo periodo fu l'ascesa delle *monga*, che letteralmente si traduce in ragazze moderne. Si trattava di giovani donne che adottavano uno stile di vita completamente occidentalizzato, portavano i capelli corti, le gonne più corte e avevano un atteggiamento libero nei confronti della sessualità e dello stile di vita.

Curiosità: una favolosa ragazza moderna o monga di questo periodo era il personaggio immaginario di Naomi, reso famoso dallo scrittore Tanizaki Jun'ichiro in una delle sue pubblicazioni sul giornale *Osaka Asahi Shinbun*. Tanizaki utilizzò questo romanzo come mezzo per ridicolizzare la crescente ossessione del Giappone dell'epoca per tutto ciò che era occidentale. L'eroe della storia ne era un vero esempio, sprecando soldi e favori per la *monga* Naomi. Quando fu pubblicato, suscitò enormi polemiche, ma fu davvero un'interpretazione straordinaria del cammino del Giappone verso la ricerca di una propria identità culturale e di un'identità unica in un mondo così influenzato dall'idea che tutto ciò che è occidentale significhi tutto ciò che è moderno e, quindi, tutto ciò che è buono.

La cultura popolare e l'architettura del periodo Taisho

Anche l'architettura, ovviamente, di distinse per la fusione di stili occidentali e locali. In questo periodo furono creati edifici come il Bankoro e il Seien Bunko, istituiti rispettivamente nel 1917 e nel 1925 per celebrare Shibusawa Eiichi, l'uomo accreditato come uno dei fondatori del moderno capitalismo giapponese. Per il suo 80° compleanno, Ryumonsha regalò a Eiichi Seien Bunko, un luogo dove poter conservare le sue collezioni di libri e accogliere i visitatori. Le foglie di quercia e la lettera di un drago sono state utilizzate per creare intricate vetrate.

Si verificarono cambiamenti anche nell'industria dell'intrattenimento. Con l'avvento delle trasmissioni radiofoniche e dei giradischi, le canzoni pop giapponesi divennero popolari e lo stile divenne più moderno e variegato. Il cinema e gli sport occidentali, soprattutto il baseball, divennero più popolari che mai. Anche se le attività culturali stavano diventando più comuni tra la popolazione in generale, erano apprezzate solo nelle città, e questa modernizzazione creò un divario significativo tra le aree urbane e quelle rurali.

Considerazioni finali

Nel corso degli anni Venti, è vero che il Giappone ha compiuto un cambiamento significativo verso un sistema di autorità più rappresentativo. Tuttavia, i comandanti militari erano più potenti negli anni Trenta, quando l'amministrazione parlamentare non era in grado di sopravvivere agli stress finanziari e politici.

La democrazia di Taisho cadde come conseguenza diretta del deterioramento delle relazioni con l'estero e della crescente insoddisfazione per le difficoltà economiche del Giappone. Nel capitolo seguente esamineremo la situazione economica e politica del Giappone e del resto del mondo e come questa abbia spianato la strada al coinvolgimento del Giappone a Pearl Harbor e, infine, al suo ruolo nella Seconda guerra mondiale. Prima di proseguire, rivediamo per un attimo i punti chiave discussi in questo capitolo.

Riassunto del capitolo

- Dopo la morte dell'imperatore Meiji, gli successe il figlio, l'imperatore Taisho. Il Giappone stava diventando un Paese ricco e stabile e si stava formando un'identità nazionale, nonostante i problemi di salute di Taisho.

- Negli anni '20, la popolazione giapponese viveva quasi esclusivamente nelle città e nei sobborghi, grazie allo sviluppo di un'ampia rete di trasporti pubblici e la centralizzazione delle attività lavorative – soprattutto impiegatizie - nei centri urbani.

- Il benessere della popolazione portò ad una grande crescita della classe media, che poteva ora permettersi viaggi, svago e divertimento.

- I partiti cercavano un vantaggio partitico collaborando con i burocrati e sostenendo progetti di sviluppo regionale. Possedevano un'autorità importante: il potere di veto sul bilancio.

- L'impegno femminile nella vita pubblica aumentò eccezionalmente durante l'epoca Taisho. Durante questo periodo, la monga, o donna giapponese contemporanea, salì alla ribalta.

- Un devastante terremoto a Tokyo manda in frantumi la stabilità di cui godeva il Giappone nel 1923. La maggior parte delle case, fatte di carta o legno, crollò o prese fuoco. La tragedia causò quasi 130.000 vittime.

- Con il deterioramento dei legami internazionali e l'aumento del malcontento per i problemi economici del Giappone, la democrazia di Taisho cadde.

Capitolo 3: Aggressione nazionale, repressione internazionale (Il Giappone all'inizio del XIX secolo)

Molte questioni sociali in Giappone, come l'emergere delle *monga* di cui abbiamo parlato poco fa, erano in sintonia con sviluppi simili che si stavano verificando in Europa e negli Stati Uniti. L'insieme di questi eventi coincide con l'ingresso del Giappone nella società internazionale "che conta", ossia quella dei paesi sviluppati e potenti, che avevano posizioni di leadership anche per quanto riguarda l'influenza culturale oltre che politica. Anche nell'ambito della diplomazia ci furono molti sviluppi.

Le manifestazioni studentesche cinesi del 4 maggio 1919 diedero vita al *Movimento del Quattro maggio* in Cina, un movimento politico, culturale e antimperialista. La città di Pechino divenne un punto di riferimento per gli studenti che protestavano contro il mancato rispetto da parte del governo cinese della risoluzione del trattato di Versailles che concedeva al Giappone il controllo delle province dello Shandong cedute dalla Germania nel 1914. Queste proteste hanno dato il via a una rinascita del nazionalismo cinese, a un allontanamento dalle tradizioni locali e a una partecipazione politica più populista, nonché a un ritiro delle vecchie élite ideologiche e culturali. I manifestanti anti-giapponesi boicottarono i prodotti giapponesi e danneggiarono le imprese giapponesi.

La delegazione cinese, ai colloqui di pace di Versailles, si rifiutò di firmare il trattato, a riprova del crescente nazionalismo cinese che stava fiorendo sempre di più. In merito a questo, ci furono due correnti opposte in Giappone: una corrente sosteneva che era necessario lavorare per rafforzare i legami tra Cina e Giappone; altri invece pensavano che il Giappone dovesse attuare una politica più aggressiva ed espandere le proprie operazioni in territorio cinese in modo da proteggere i propri interessi e continuare ad imporsi come la potenza dominante della regione.

Anche nelle colonie nipponiche la popolazione si sollevò per opporsi all'occupazione giapponese. Il 1° marzo 1919, oltre un milione di coreani scesero in piazza per protestare contro il dominio giapponese. Ci furono anche alcune occasioni in cui queste proteste sfociarono in disordini, che vennero però represse dalla polizia giapponese con l'uso della violenza. Di conseguenza, numerose persone furono arrestate e uccise. Tuttavia, in seguito a una serie di rivolte, i giapponesi furono costretti a riconsiderare il loro approccio al governo della Corea.

Quando si trattava di decisioni diplomatiche, in alcuni casi i leader giapponesi preferivano collaborare strettamente con le loro controparti occidentali, mostrando comunque una certa voglia di cooperare per gli interessi comuni, almeno apparentemente. Ciò è stato sostenuto da alcuni leader politici, tra cui l'ambasciatore del Giappone negli Stati Uniti, Shidehara Kjuro.

D'altra parte, alcuni leader ritenevano che il Giappone non dovesse essere così strettamente associato al quadro politico internazionale. Il Giappone si era unito alle potenze alleate sulla base di un trattato che prevedeva l'intervento militare in caso di invasione subita da parte di una delle nazioni facenti parte dell'organizzazione, un po' come accade oggi per la NATO, per intenderci. E allora perché alcuni capi erano contro questo coinvolgimento del Giappone nella Società delle Nazioni? La risposta è molto semplice: razzismo. Le grandi potenze occidentali, infatti, si rifiutarono di applicare una clausola di uguaglianza razziale proposta dal Giappone durante i colloqui di Versailles del 1919. Potete ben capire, quindi, che questo era un grande smacco per una popolazione così nazionalista, orgogliosa e "famelica" come quella giapponese.

Due anni dopo, il Giappone partecipò alla Conferenza navale di Washington, che aveva per oggetto i negoziati sul disarmo. Alla conferenza parteciparono alcune delle figure politiche più potenti del mondo. Durante la conferenza, le nazioni occidentali costrinsero il Giappone a limitare la sua forza corazzata nel Pacifico, con l'obiettivo di lasciarlo con una flotta più piccola di quella degli Stati Uniti e del Regno Unito.

Questa non fu l'unica ingiustizia. Nel 1924, i funzionari del Congresso degli Stati Uniti approvarono una legge che impediva ai cittadini giapponesi di emigrare negli Stati Uniti. Per ovvie ragioni, queste tattiche risultarono discriminatorie. I giapponesi percepivano che il mondo occidentale li trattava ancora come un popolo inferiore, semplicemente perché di "razza" inferiore, a detta loro.

Tutto questo, unito alla crisi bancaria del 1927 e alla Grande Depressione del 1929, ebbe un impatto significativo sull'economia giapponese. Negli anni successivi, le esportazioni si dimezzarono. Ne conseguì un aumento dei tassi di disoccupazione sia nelle aree urbane che in quelle rurali. Le colpe furono tante e la maggior parte di esse ricadde su capitalisti e uomini d'affari che vennero rimproverati per aver anteposto i propri interessi a quelli nazionali. Anche i politici del partito che volevano modellare il governo secondo i modelli occidentali furono ritenuti responsabili. Le critiche si fecero più forti nel 1930, quando, con grande disappunto del popolo giapponese, i diplomatici firmarono un altro trattato di disarmo che limitava ulteriormente le dimensioni della marina.

Nel novembre del 1930, gli anarchici affiliati al partito liberale *Aikokusha* compirono un attentato nei confronti del primo ministro Hamaguchi Osachi, segnando un punto fondamentale per quanto riguarda l'escalation di disordini e caos che stava imperversando. Capite bene quindi che, in questo contesto, divenne sempre più difficile, per i leader politici, lavorare negl'interessi della diplomazia e del sistema internazionale.

L'anno successivo avvenne un fatto fondamentale che spostò molto gli equilibri internazionali del Giappone: l'invasione della Manciuria. L'attacco fu improvviso, e iniziò attaccando la ferrovia della Manciuria, uno snodo di trasporti fondamentali nella regione. Di conseguenza, scoppiarono feroci combattimenti in tutta la regione nord-orientale della Cina. I giapponesi trionfarono e la Manciuria divenne uno stato fantoccio a servizio del Giappone. Gli alleati furono sconvolti dal comportamento del Giappone e espressero tutto il loro disappunto, senza però rendersi conto che erano stati anche loro "parte" del problema, sia per aver giocato col fuoco e preso poco sul serio il malcontento nipponico, che per lo scarso intervento per limitare il tutto - sottovalutando la situazione. Dopo questa vittoria, e con l'ulteriore crescita militare, industriale ed economica, il Giappone si tirò fuori dalla Società delle Nazioni e iniziò un percorso di espansione isolato dal resto del mondo.

Gli anni '20 e '30: Una fase di grande fermento internazionale

Tra l'inizio degli anni Venti e il 1931 circa, il mondo visse uno strano periodo. Non solo il Giappone stava lottando per riprendersi da una crisi economica devastante, ma anche altri Paesi ultra-sviluppati erano sulla stessa barca. Gli Stati Uniti, ad esempio, stavano cercando di superare i modelli disadattivi emersi dopo la Grande Depressione del 1931. Ad aggravare le difficoltà del Giappone, la depressione gettava una lunga ombra sul suo panorama politico ed economico internazionale e interno. Gli osservatori che hanno seguito i progressi dell'economia giapponese durante il periodo interbellico hanno paragonato lo stato degli affari interni a una depressione cronica.

La crisi finanziaria di Showa (1927) è stata un evento epocale. Essa contribuì a due cose: un completo rinnovamento del settore bancario e l'eliminazione dei prestiti inesigibili. Il tutto avrebbe migliorato i problemi esistenti nel sistema finanziario nazionale. Analizziamo ora la cronologia degli affari e i problemi finanziari del Giappone in questo periodo:

- Marzo 1920: I prezzi delle azioni crollano perché gli investitori prevedono che ci sarà una grande stasi dopo il periodo di crescita economica negli anni intorno alla Prima guerra mondiale.
- Aprile 1920: Fallisce la *Masuda Bill Broker Bank*, una delle più importanti banche di Osaka. Questo portò i depositanti di tutte le banche giapponesi a ritirare il proprio denaro perché non vedevano più la banca come un luogo sicuro. Ventuno banche decisero di bloccare ogni operazione fino al luglio 1920. Alcune di queste sospensioni si rivelarono permanenti. Per far fronte a questa crisi, la Banca del

Giappone attuò una politica di prestiti speciali, alleviando in parte alcune tensioni nei mercati finanziari. Un altro obiettivo era quello di stabilizzare i mercati e mantenere il normale funzionamento di alcune industrie.

- 1922: Il 1922 è stato uno degli anni bui della finanza in Giappone. Tutto partì con il fallimento della Ishii Corporation, una grande impresa produttrice di legname con un indotto molto importante e ben radicato. Questo fallimento ebbe un effetto a cascata su numerose altre aziende e portò a ritiri bancari in preda al panico da parte dei depositanti di Kochi (Giappone sud-occidentale) e del Kansai. Quindici banche hanno sospeso le operazioni, sia per un periodo transitorio che in modo permanente. La Banca del Giappone cercò di migliorare la situazione concedendo prestiti speciali a venti banche tra la fine del 1922 e la prima metà del 1923.

- 1923: Il Grande terremoto del Kanto scosse l'intera struttura finanziaria del Giappone. Non solo danneggiò la roccaforte finanziaria delle banche, ma danneggiò anche gli investimenti fisici, come la sede centrale dell'edificio e le sue diverse filiali. Il 7 settembre, il governo adottò un ordine di emergenza per attuare un congelamento, che permise di ritardare i pagamenti futuri da quel mese in avanti nelle aree colpite. Il 27 settembre, il governo istituì un decreto d'emergenza per compensare le perdite subite dalla Banca del Giappone dovute ai mancati introiti provenienti dalle aree colpite dal sisma.

- Nel 1927 si verificò la crisi finanziaria dello Showa. A gennaio, il capo di gabinetto Wakatsuki decise di riposizionare tutti i debiti inesigibili contratti durante il terremoto del Kanto. A tal fine è stata emanata una legge che consente al governo di emettere obbligazioni da scambiare con gli ECB (Earthquake Casualty Bills). Il 14 marzo, il ministro delle Finanze Naoharu Kataoka affermò erroneamente che la Tokyo Watanabe Bank era crollata durante un'accesa discussione all'interno della Dieta. Ciò provocò un aumento della paura per lo stato degli affari finanziari in regioni come Osaka e Tokyo. Il 23 marzo, la Dieta (organo legislativo bicamerale del Giappone) accettò questa legge, placando il panico crescente dei depositanti. Ma la cosa durò poco, perché, come se non bastasse, un'altra crisi finanziaria si scatenò quando vennero fuori grandi problemi finanziari tra la Banca di Taiwan e la Suzuki&co., un'importante società commerciale di Kobe. Per far fronte a questa situazione, il Gabinetto dichiarò una legge di emergenza che avrebbe permesso alla Banca del Giappone di inviare fondi di soccorso alla Banca di Taiwan. Poco dopo Wakatsuki si dimise, e le finanze del Giappone andarono per l'ennesima volta in pochi mesi in tilt. Il governo vietò alle banche la concessione di ogni prestito dal 22 aprile al 12 maggio.

Questo periodo di instabilità si protrasse fino alla fine del decennio, nel 1930. Bisogna comunque dire che, rispetto alle crisi che si sono avute in altri paesi (pensate, ad esempio, al famoso Martedì nero della Borsa di New York del 1929), il Giappone riuscì a cavarsela e a uscirne pressoché indenne. Questo grazie agli interventi pronti degli amministratori, che riuscirono a essere sempre molto reattivi nel mettere le giuste pezze.

Gli anni Trenta, invece, furono caratterizzati da uno stato d'animo diverso, sia a livello nazionale che internazionale. Il calo dei prezzi causato dalla Grande Depressione fu avvertito in Giappone con maggiore intensità rispetto al calo della produzione causato dalla crisi macroeconomica. Per mantenere i profitti e tenere aperte le fabbriche, i produttori aumentarono la produzione. L'eccesso di scorte e la deflazione ebbero ovvie conseguenze, ad esempio il calo dei prezzi dei prodotti agricoli del 40% e dei prodotti tessili di circa il 50%.

In quegli anni così difficili, le organizzazioni militari nazionaliste e di destra ebbero la strada spianata per acquisire consensi. Molti hanno puntato il dito contro i partiti politici durante la crisi finanziaria, addossando loro colpe e facendo una propaganda molto efficace verso le persone colpite più direttamente dagli effetti della crisi, soprattutto i piccoli imprenditori. In generale, la popolazione si avvicinò molto verso i sentimenti militanti e rivoltosi.

Un argomento di cui ho parlato poco fino ad ora è quello della povertà rurale. Come ho accennato qualche pagina fa, la popolazione si stava sempre di più riversando nelle città e la percentuale di popolazione facente parte della classe media era sempre più alta. Questo però ebbe un effetto decisamente negativo sulla popolazione rurale, che era ormai ai margini di qualsiasi cosa succedesse nel paese. Nel 1931, la povertà di queste zone raggiunse il suo culmine e divenne un punto critico da dover affrontare, in quanto la fame e la malnutrizione di zone come il Tohoku era ormai una questione sociale importantissima se si voleva considerare il Giappone una Nazione davvero avanzata. Nel 1934 ci fu una crisi alimentare e i bambini malnutriti divennero una visione comune nelle zone settentrionali dello Honshu. Peggio ancora, non potendo nutrire i propri figli, alcuni contadini furono costretti a vendere all'asta le proprie figlie come prostitute. Il disastro agricolo ha suscitato la rabbia e la condanna del governo e delle grandi aziende.

Sotto la direzione del governo, furono incoraggiate la cartellizzazione e la standardizzazione. Poiché il libero mercato sembrava esacerbare la crisi, vennero sviluppati accordi che limitavano la produzione. Questo approccio si diffuse rapidamente in un'ampia gamma di settori, dal filato di cotone al rayon, dal carburo alla carta e al cemento.

Molti giovani soldati furono impiegati nell'esercito giapponese durante gli anni Trenta. Questi soldati provenivano da villaggi in cui gli effetti della depressione e delle crisi economiche combinate degli anni Venti erano più visibili. Tutto ciò che stava accadendo all'interno e all'esterno portò al passaggio da politiche economiche liberali a un controllo economico imposto dallo Stato. Con "tutto" intendo anche:

- Come i giapponesi si meravigliarono dei successi dei sistemi di partito in URSS;
- Crisi economica dello Showa;
- La delusione a livello nazionale verso l'attuale sistema politico e i partiti;
- L'idea crescente che l'unica ragione per cui la deflazione è diventata così grave è dovuta alle imprese eccessivamente competitive.

In questi decenni, non c'era più il "mito americano", e il sistema statunitense di libero mercato non era più ben visto come prima. Sempre più persone erano invece convinte che dovesse esserci un controllo statale sull'economia e sulle imprese, in un sistema più vicino a quello dei paesi comunisti - anche se più morbido.

Anche il concetto di "libero scambio" stava perdendo di credibilità, non tanto per il modello in sé ma quanto più per il modo di concepirlo da parte delle potenze dominanti. Le nazioni occidentali, soprattutto, esercitavano il loro potere economico solo per monopolizzare i loro diritti economici speciali, sia nelle colonie che nelle altre aree di influenza.

Ovviamente a sguazzare in questo sistema ci furono anche i Giapponesi (che io ormai considero "potenza occidentale", de facto), che usarono ogni metodo possibile e immaginabile per trarre vantaggi competitivi e comportarsi esattamente come le controparti dell'ovest del mondo. Innanzitutto, vendettero componenti industriali leggeri e prodotti tessili in Asia orientale e negli Stati uniti attraverso pratiche commerciali ferocemente competitive, distruggendo le capacità di vendita dei commercianti e dei produttori britannici ed europei - per lo meno per quanto riguarda questi prodotti su cui i giapponesi erano altamente specializzati. Inoltre, nelle loro colonie in Manciuria, Corea e Taiwan, investirono in industrie pesanti e in fonti di materie prime, sfruttando in modo molto poco etico la forza lavoro locale. Infine, alzarono di molto le tariffe doganali per ridurre le importazioni dall'estero.

Un punto debole del Giappone, dalla sua industrializzazione in poi, è sempre stato la mancanza di minerali sfruttabili sull'arcipelago. È per questo che le colonie in Asia erano strategicamente fondamentali per mantenere queste materie prime facilmente accessibili. Nonostante entrambi i Paesi si adoperassero attivamente per limitare la crescita del Giappone, quest'ultimo dovette fare affidamento sugli Stati Uniti e sulla Malesia britannica per la maggior parte dei suoi acquisti di materiali fondamentali per il settore industriale.

A peggiorare le cose, l'embargo petrolifero decretato dal presidente Roosevelt nei confronti del Giappone mise a dura prova la marina nipponica, che all'epoca disponeva di carburante a malapena sufficiente per sei mesi di operazioni. Le operazioni in Cina, causate dalla resistenza sia dei sovietici che dei cinesi, avevano messo a dura prova il comparto militare nipponico, che dovette quindi trovare una soluzione per reperire del materiale facilmente senza dover passare dalle trattative commerciali con i concorrenti. Ed è così che, nel 1940, il Giappone attaccò l'Indonesia olandese e la Malesia britannica, grandi fornitori di carburante e gomma.

Tuttavia, non erano solo i motivi strategici a spingere il Giappone ad un cambiamento di atteggiamento verso l'occidente. L'ideologia nazionalista e il razzismo stavano esplodendo, e la politica interna aggressiva aveva avuto appiglio in molti strati della popolazione. Tutti questi furono gli ingredienti che fecero entrare il Paese del Sol Levante nella Seconda Guerra Mondiale, con gli attacchi di Pearl Harbor del 1941.

Struttura politica interna

Durante gli anni Venti, la struttura politica era ancora influenzata dall'eredità del periodo Meiji. Sappiamo già che durante il regno imperiale, un piccolo gruppo di persone vicine all'imperatore era a capo degli affari politici. Questo gruppo lavorava per ripristinare l'equilibrio tra parlamento, esercito, burocrazia amministrativa e ménage imperiale. Ora, questo gruppo era composto principalmente da anziani statisti e, una volta morti tutti (in tempi diversi negli anni Venti), non c'era assolutamente nessuno a riportare l'ordine e a stabilire il controllo. E fu questo "vuoto di potere" il terreno ideale per la classe militare giapponese di imporsi a comando della Nazione nel 1931, parallelamente alla guerra di Manciuria. Questo segnò l'inizio dei poteri autonomi e del controllo dell'esercito giapponese sul continente asiatico.

Il Giappone entrò quindi sempre di più in una guerra totale, dopo le dichiarazioni belliche del 1937 alla Cina e del 1941 agli Stati Uniti. Il controllo totale fu stabilito dai militari e da coloro che li sostenevano. L'imperatore non aveva, di fatto, più nessun potere decisionale.

Il Giappone si alleò, come tutti sappiamo, con le forze dell'Asse (capeggiate dalla Germania di Hitler e dall'Italia di Mussolini), ma rispetto a Germania e Italia, in Giappone non ci fu una svolta totalitaria, in quanto era più difficile per il governo esercitare un potere significativo sull'economia giapponese e sulle Zaibatsu, che erano abbastanza potenti da poter essere autonome nella gestione di tanti aspetti, ma soprattutto più interessate ad aspetti economici che a servire il proprio Paese.

La religione come propaganda politica

Prima della Restaurazione Meiji, l'imperatore non aveva voce in capitolo nelle questioni politiche. Era un simbolo del sentimento giapponese e incarnava tutto ciò che di tradizionale e vero c'era nella cultura del Paese. Era l'ideatore e il leader della venerata religione shintoista. La credenza che l'imperatore discendesse direttamente dagli stessi poteri divini che avevano creato il Giappone era originaria di questa religione, rendendo l'imperatore parzialmente divino.

L'ideologia riguardante l'imperatore che emerse durante la Seconda guerra mondiale era nuova. Essa derivava in parte dai tentativi delle autorità politiche Meiji, che volevano unire la nazione sotto l'egida dell'imperatore.

Curiosità: durante il primo periodo di crescita politica del Giappone, le potenze occidentali sapevano poco o nulla

dell'imperatore giapponese. Si sapeva che era una figura oscura che "assomigliava un po' al Papa".

Durante la restaurazione Meiji, lo shintoismo sostituì il buddismo come religione nazionale, in modo anche da poter giustificare e aumentare l'importanza dell'imperatore stesso, che ora aveva un posto di rilievo nazionale anche grazie alle sue presunte origini divine.

C'era anche un'agenda politica dietro a tutto questo. Mentre lo shintoismo era tradizionalmente e intrinsecamente giapponese, il buddismo aveva avuto origine in India ed era giunto in Giappone attraverso la Cina. Fu questo uno dei pochi periodi nella storia del Giappone in cui la religione divenne un catalizzatore politico così importante, e dove la convivenza tra diverse credenze era messa a dura prova, e tutto questo a causa del nazionalismo dilagante, che si attaccava a qualsiasi cosa per fare politica. Il patriottismo aveva raggiunto un livello di sacralità tale che il popolo non poteva posare gli occhi sull'imperatore o pronunciare il suo nome ad alta voce.

Il Giappone era entrato in una zona di patriottismo al di là del normale: si insegnava che, se necessario, si sarebbe data la vita per sostenere l'imperatore e ciò che egli rappresentava.

L'agenda internazionale: Razzismo

Orgogliosi dei loro risultati e del tipo di educazione ricevuta (estremamente intellettuale), i giapponesi non sopportarono assolutamente gli insulti razziali dei popoli occidentali. Il loro desiderio di far entrare in vigore una dichiarazione di uguaglianza razziale nel Patto della Società delle Nazioni subì il veto degli Stati Uniti e della Gran Bretagna. Questo fu un punto dolente e causò grande rabbia all'interno della nazione.

In Asia, i giapponesi, ironia della sorte, dimostrarono lo stesso tipo di razzismo verso i cinesi e le altre popolazioni sottomesse. Non iniziate a notare quindi un pattern ricorrente? Quello dei Giapponesi che criticano gli occidentali ma, alla fine, li imitano, come se volessero dimostrare di essere migliori sullo stesso campo di azione. I militari giapponesi, fiduciosi che il loro popolo si sarebbe spinto fino a qualsiasi punto per il loro Paese, sogghignavano per la morbidezza della democrazia americana, in cui i diritti individuali e il benessere moderavano la fedeltà e il nazionalismo. L'eccessiva fiducia nelle forze armate e la sottovalutazione delle capacità degli altri Paesi derivavano dalle proprie errate convinzioni etniche e razziali.

In un certo senso, i giapponesi si consideravano i migliori dell'Asia piuttosto che asiatici. Essi cercavano di strappare il controllo dei territori asiatici dalle mani dell'Occidente. Nonostante i giapponesi siano stati inizialmente accolti con favore dagli abitanti indigeni di varie colonie asiatiche, l'arroganza delle forze giapponesi e il razzismo istituzionale in questi Paesi hanno provocato un odio diffuso. Questa rabbia persiste ancora oggi in diversi Paesi del Sud-Est asiatico.

Riassunto del capitolo

- All'inizio del XX secolo, il malcontento delle popolazioni sottomesse dal Giappone aumentò.

- Il 4 maggio 1919, le proteste studentesche antimperialiste in Cina diedero vita al *Movimento del Quattro maggio*. Gli studenti si riunirono a Pechino per protestare contro il mancato rispetto da parte del governo cinese della risoluzione del trattato di Versailles che concedeva al Giappone la sovranità delle province dello Shandong cedute dalla Germania nel 1914.

- Il 1° marzo 1919, oltre un milione di coreani marciò contro l'autorità giapponese. La protesta finì con le violenze della polizia nipponica contro i manifestanti.

- I leader politici americani ed europei rifiutarono di accettare una disposizione sull'uguaglianza razziale proposta dal Giappone durante i negoziati di pace di Versailles del 1919.

- Due anni dopo, il Giappone partecipò alla Conferenza navale di Washington, che includeva discussioni sul disarmo. I Paesi occidentali spinsero il Giappone a ridurre la sua forza corazzata nel Pacifico, lasciandolo con una flotta più debole rispetto a quella degli Stati Uniti e della Gran Bretagna.

- Nel 1924, il Congresso degli Stati Uniti stabilì una legge che vietava ai cittadini giapponesi di immigrare. Questi approcci si presentarono come discriminatori dal punto di vista razziale, facendo percepire ai giapponesi che l'Occidente li trattava ancora come un popolo inferiore.

- Il Grande Terremoto del Kanto (settembre 1923) ha scosso il sistema finanziario giapponese. Non solo danneggiò la forza finanziaria delle banche, ma anche i loro beni fisici, come le sedi e le filiali.

- Nel 1927 si verificò la crisi finanziaria di Showa. Seguirono una ristrutturazione del settore bancario e l'eliminazione dei prestiti inesigibili. Queste innovazioni contribuiranno a migliorare il sistema finanziario nazionale.

- Il Giappone fu spinto a lottare in aree remote della Cina nel 1937 e a combattere anche nell'Indocina francese nel 1940. Poco dopo, il Giappone iniziò ad attaccare l'Indonesia olandese e la Malesia britannica per avere l'accesso alle materie prime necessarie per le industrie.

Capitolo 4: Il periodo Showa

Il termine spesso associato al periodo Showa è "il periodo dell'armonia illuminata e della pace" o "il periodo del Giappone radioso". Corrisponde al regno più lungo di tutti i tempi di un imperatore giapponese, ossia quello di Hirohito, che durò dal 25 dicembre 1926 al 7 gennaio 1989. Questo periodo è molto interessante, perché attraversa due fasi del Giappone molto aggressive ma per motivi totalmente differenti tra loro. Tra il 1926 e il 1945 l'aggressività era intesa più in senso militare e nazionalista, mentre nel secondo dopoguerra era più un'aggressività economica e finanziaria.

È necessario esaminare il contesto in cui nacque il periodo Showa. Era il periodo tra le due guerre mondiali, un'epoca di sconvolgimenti politici internazionali, dovuti anche alle conseguenze del primo conflitto. Diciamo che "l'armonia illuminata" che ho nominato nelle prime righe di questo capitolo avrebbe più senso senza la parola "pace", in quanto il Giappone era sceso in uno stato di completo ultranazionalismo politico tinto di pensiero e cultura fascista. Il Giappone aveva accettato i dettami del totalitarismo politico e questa sarebbe stata la sua ideologia dominante fino alla devastazione provocata dalla Seconda Guerra Mondiale.

Forse il modo migliore per studiare il periodo Showa è partire dalle sue origini, che iniziano con il declino dell'impero Taisho. Abbiamo già appreso che l'imperatore Taisho (1912-1916) era poco più di un burattino quando governava il Giappone. Le redini del potere politico erano già passate dal genro (la piccola cricca oligarchica che era stata così determinante per il buon funzionamento dell'impero Meiji) ai partiti politici e a una legislatura democratica.

Durante la Prima guerra mondiale, abbiamo visto che il Giappone fece parte delle forze alleate, che comprendevano anche Regno Unito, Russia e Francia. Nonostante il Giappone abbia avuto un ruolo fondamentale nel contrastare gli espansionisti coloniali tedeschi in Asia orientale, durante la Conferenza di pace di Parigi (1919), le aspettative nipponiche non furono rispettate, per tutti i motivi di cui abbiamo già parlato nel capitolo precedente (uguaglianza razziale, blocco dell'immigrazione degli Stati Uniti, mancate concessioni ecc.…).

Perché le potenze alleate hanno rifiutato la clausola di uguaglianza razziale?

La clausola di uguaglianza razziale era molto importante da ottenere per il Giappone, in quanto aveva il potenziale per realizzare grandi cose. Infatti, secondo le parole di Frederick Dickinson, professore di storia giapponese presso l'Università della Pennsylvania, questa clausola rappresentava uno dei primi tentativi di porre l'accento sui concetti ineguagliabili di migrazione aperta e libera (Dr. Frederick Dickinson on Japan in the Great War, 2018). L'emigrazione giapponese negli Stati Uniti aveva raggiunto cifre molto elevate nell'ultima parte del XIX secolo.

In seguito alla legge sull'esclusione della Cina del 1882, che proibiva ai lavoratori cinesi di emigrare negli Stati Uniti, gli appaltatori della costa occidentale cercarono di integrare il loro fabbisogno di manodopera attirando l'immigrazione giapponese. La rapida industrializzazione e il calo del tasso di mortalità in

Giappone avevano portato a una sovrappopolazione. Le due situazioni sembravano essere reciprocamente vantaggiose e la manodopera giapponese iniziò a migrare in gran numero verso l'America.

Nel 1907, gli USA e il Giappone stipularono un Gentleman's Agreement per razionalizzare e risolvere il problema del crescente tasso di migrazione dal Giappone verso gli Stati Uniti. Secondo questo accordo, il Giappone promise di limitare il numero di migranti inviati negli Stati Uniti. In cambio, l'America accettò di eliminare la segregazione dei bambini bianchi e asiatici nelle scuole pubbliche di San Francisco. Si pensava che questo accordo avrebbe dato ai giapponesi una certa libertà in materia di emigrazione internazionale, ma purtroppo non fu così.

L'accordo di mutua collaborazione tra Stati Uniti e Giappone subì un forte arresto nel 1913, quando la California approvò l'Alien Land Law Act, che proibiva agli immigrati giapponesi di possedere terreni nel suo territorio. Proprio dallo stato californiano erano partiti i primi forti sentimenti popolari anti-giapponesi, che si stavano pian piano diffondendo in tutta la West Coast. Alla fine della Prima Guerra Mondiale e dei negoziati di pace di Parigi, gli americani avevano sviluppato una paura specifica e incombente rispetto ai migranti giapponesi.

Quando la notizia riguardante la possibilità di firmare una clausola di uguaglianza razziale venne diffusa dalle parti di Washington, i legislatori iniziarono a esercitare forti pressioni perché questa non venisse firmata. Mentre facevo ricerche su questo argomento, mi sono imbattuto in un affascinante articolo intitolato "*A Century Later: The Treaty Of Versailles And Its Rejection Of Racial Equality*", in cui Josh Axelrod (Axelrod, 2019) condivide un estratto di un telegramma del senatore democratico della California James Phelan alla delegazione americana a Parigi. Si legge:

"Crediamo che i senatori occidentali e altri si opporranno a qualsiasi scappatoia che permetta agli orientali di avere un'uguaglianza con la razza bianca negli Stati Uniti. È una questione vitale di autoconservazione".

Questo dovrebbe far capire che il clima generale in tutto il pianeta era decisamente ostile, e che non erano solo i nazisti&co. a fare questo tipo di ragionamenti.

Con così tante pressioni, Woodrow Wilson non ebbe altra scelta che rifiutare la clausola. Ciò porta a chiedersi perché la California abbia portato alla ribalta un tale sentimento anti-giapponese. Non era solo una questione di "preservare l'identità nazionale bianca", ma era un problema più radicato nella società e nel malcontento popolare. Tra il 1900 e il 1920 la California fu una delle zone a più rapida espansione economica nel mondo, e per "far andare la macchina" venne impiegata tanta manodopera a basso costo straniera, che però non riuscì mai ad integrarsi per davvero. Le comunità di immigrati erano divise e isolate, e di certo né la federazione e né lo stato fecero nulla per favorire l'integrazione. Molti stranieri erano considerati inferiori perché visti come privi di uno scopo comune o di un senso di comunità.

A causa della barriera della cittadinanza, agli immigrati giapponesi era di fatto preclusa la partecipazione alle questioni socio-economiche. Come molti altri gruppi appena arrivati, hanno portato con sé i propri rituali e le proprie tradizioni, che sono serviti a distinguerli. Tra gli Issei (immigrati giapponesi di prima generazione) c'era un forte senso di orgoglio per lo stile di vita e la cultura giapponese, che si basava su valori tradizionali e forti relazioni di gruppo. Anche la lingua e la religione erano ostacoli significativi. Insieme a questi fattori, il nazionalismo bianco antagonista della California isolò la prima generazione di immigrati giapponesi (Issei) dalla vita pubblica e commerciale della West Coast. Il risultato fu una cultura di odio razziale.

Altre questioni salienti

Nel 1924, in pieno rallentamento economico post Prima Guerra Mondiale, Kato Takaaki fu eletto Primo ministro. Durante la sua presidenza, supervisionò le riforme democratiche che culminarono nell'approvazione di una legge che concedeva il suffragio universale maschile nel 1925. Secondo le disposizioni di questa legge, potevano votare tutti gli uomini di età superiore ai venticinque anni che avessero vissuto nel distretto elettorale di loro scelta per un minimo di un anno e avessero una residenza ritenuta adeguata secondo certi standard minimi. L'elettorato passò così da 3,3 milioni a ben 12,5 milioni.

Il governo giapponese, per vari motivi, si aspettava che tutti i membri della società mostrassero loro fedeltà, e nonostante si iniziarono a vedere prime forme di gruppi ribelli agire dietro le quinte, non erano davvero spaventati dalla cosa. Alcuni leader conservatori del periodo Taisho, però, non erano d'accordo, e pensavano che il governo fosse in un pericolo ben più reale a causa di questi gruppi, formati dopo il conflitto.

Ed è così che pochi giorni prima dell'annuncio sulla legge del suffragio universale maschile, fu promulgata anche la Legge per la conservazione della pace. Le libertà individuali in Giappone furono gravemente limitate da questa legge, che rese illegale qualsiasi gruppo che cercasse di cambiare il modo di operare del governo o di distruggere il sistema di sfruttamento della proprietà privata in Giappone. Ciò portò alla disintegrazione di tutti i movimenti di sinistra che erano emersi all'indomani della Rivoluzione russa del 1917.

In seguito all'approvazione di questa legge e di altri disegni di legge ad essa collegati, la politica nazionale che propagandava l'autorità dell'imperatore come simbolo primario dello Stato si affermò come *kokutai*. Da un punto di vista politico, il *kokutai* fungeva da scudo tra la democrazia parlamentare giapponese e i movimenti anarchici e comunisti interni che minacciavano di destabilizzarla.

Il radicamento dell'ultranazionalismo

Essere giapponese nel periodo precedente la Restaurazione Meiji (1868) significava identificarsi con province feudali distinte. Non c'era alcuna emozione associata all'"appartenenza alla nazione". Per esempio, i leader delle province di Choshu e Satsuma si erano sempre opposti al bakufu regnante Tokugawa e al nazionalismo frammentato che esso rappresentava.

La restaurazione Meiji portò molti cambiamenti, tra cui l'istruzione universale obbligatoria, la coscrizione dell'esercito, l'industrializzazione e la modernizzazione generale e un sistema di governo centralizzato e maturo basato su una solida costituzione. A ciò si aggiunse il ruolo vittorioso del Giappone sul campo di battaglia internazionale. Alla fine del periodo Meiji il nazionalismo giapponese aveva iniziato a radicarsi tra i membri della società. Giunti a quel punto, "essere Giapponese" era un fattore di orgoglio.

Come risultato dell'industrializzazione e della centralizzazione, il popolo giapponese sviluppò la ferma convinzione che un giorno il

68

Giappone sarebbe stato alla pari con le potenze occidentali. Ora la lealtà non era più verso il proprio territorio specifico, ma verso la nazione intera. Anzi, a lungo andare, verso l'impero.

Sebbene questo fosse un sentimento popolare, alcuni conservatori giapponesi erano preoccupati per la rapida industrializzazione del Giappone. A ciò seguì una resistenza interna alle tendenze "occidentalizzate". I conservatori cominciarono a temere di perdere ciò che era naturalmente e intrinsecamente giapponese. Durante il periodo Meiji, i nazionalisti giapponesi si espressero contro i trattati, causando una disparità di trattamento del Giappone sulla scena internazionale.

Questo sentimento nazionalista interno ha raggiunto l'apice dopo la Prima Guerra Mondiale e tutte le critiche razziste che il Giappone ha ricevuto dall'Occidente. La tendenza esistente al nazionalismo lasciò il posto all'ultranazionalismo etnocentrico. Questo tipo di nazionalismo si basava sulla tradizionale etica guerriera e sul profondo desiderio di stabilire una supremazia sugli altri. Verso il 1941, questo sentimento nazionalista avrebbe lasciato il posto all'odio verso l'America, la Cina, la Gran Bretagna e l'Olanda. Il sentimento predominante sarà *"queste potenze sono una minaccia per l'impero nazionale e l'unico modo per difenderci è un percorso che segue l'annientamento, la sottomissione e la guerra"*.

Sorprendentemente, mentre il Giappone si risentiva di essere discriminato razzialmente dalle potenze occidentali, la prima metà del periodo Showa fu ricca di discriminazioni razziali da parte dei giapponesi nei confronti degli altri asiatici che vivevano in Giappone. Ciò coincise con l'inizio del colonialismo giapponese e forse con la convinzione, in gran parte inconscia, che questo fosse l'unico modo per stabilire la supremazia. Il concetto di una Grande Sfera di Co-Prosperità dell'Asia Orientale si radicò nello Stato.

Nella mente dei nazionalisti, tutti gli asiatici erano sotto attacco da parte delle potenze occidentali. La concezione predominante tra i leader giapponesi era che solo seguendo l'esempio del Giappone il resto dell'Asia avrebbe potuto sopravvivere. Solo il Giappone era stato in grado di diversificare efficacemente l'economia e di eguagliare i principali imperi occidentali in Asia e al di fuori dell'Occidente. La Sfera di co-prosperità fu concepita come un modo per unificare l'Asia e prendere posizione contro l'imperialismo occidentale sotto la guida dei giapponesi, nonostante le percezioni occidentali la considerassero una copertura per l'espansione militare giapponese.

Le percezioni occidentali erano per lo più corrette, perché il nazionalismo del Giappone era progredito al punto che il suo popolo cominciò a considerarsi la sede di ogni supremazia tra i popoli asiatici. L'unico modo per l'Asia di diventare una potenza continentale unificata, era quello di sottomettersi alla guida giapponese, ossia la razza asiatica superiore a tutte. Fu questa l'atmosfera in cui si creò la Grande Sfera di Co-Prosperità dell'Asia Orientale. Detto in parole povere, i Giapponesi fecero tutto praticamente da soli e si auto-crearono una giustificazione per poter invadere gli altri popoli a loro piacimento, ed è proprio per questo che questa organizzazione non era destinata a durare tanto.

La Grande Sfera di Co-Prosperità dell'Asia Orientale

Hachiro Arita, ministro degli Esteri giapponese tra il 1936 e il 1940, fu il pioniere dell'idea di un unico impero dell'Asia orientale. Egli sosteneva che le regioni asiatiche fossero importanti per il Giappone quanto quelle dell'America Latina per gli Stati Uniti.

Più spesso nota come GEACPS, la Greater East Asia Co-Prosperity Sphere è nata come una visione imperialista concepita dalla corte imperiale giapponese e diffusa nei Paesi asiatici conquistati dal 1931 al 1945. Gli asiatici dell'Est, del Sud-Est e del Sud e gli oceaniani facevano tutti parte della Cooperazione economica Asia-Pacifico (APEC). L'APEC ha anche annunciato l'obiettivo di formare un'alleanza asiatica guidata dal Giappone che fosse indipendente dall'imperialismo occidentale.

Il 1° agosto 1940, il ministro degli Esteri Yosuke Matsuoka presentò il piano in un discorso radiofonico.

Lo scopo e l'esecuzione della GEACPS variavano notevolmente a seconda dell'ente e dell'agenzia governativa coinvolti. La maggior parte della popolazione giapponese, compresi gli strateghi politici che l'hanno ideata, la considerava un'espressione dei valori asiatici di sovranità e libertà dal controllo coloniale occidentale.

Tuttavia, militaristi e nazionalisti l'hanno spesso utilizzata nella realtà come strumento politico per rafforzare la posizione del Giappone e aumentare il suo dominio in Asia.

La realtà è che la Grande Sfera di Co-Prosperità dell'Asia Orientale è stata pubblicamente promossa dai funzionari giapponesi come strumento di sviluppo della "razza giapponese". Subito dopo la Seconda Guerra Mondiale, tutto ciò divenne motivo di scherno verso gli sconfitti nipponici. La "razza asiatica superiore" aveva malamente perso.

Il periodo della GEAPCS fu, di fatto, orribile per le popolazioni controllate dal Giappone. Il Quarter Generale Imperiale commise alcuni dei più atroci crimini di guerra della storia dell'umanità, spesso dimenticati o di cui comunque si parla fin troppo poco nelle scuole. Sto parlando di eventi come gli esperimenti dell'Unità 731 del Kwantung (se avete lo stomaco forte, vi consiglio di approfondire questo fatto, per farvi rendere conto che stiamo parlando di qualcosa di tranquillamente paragonabile a quello che hanno fatto i tedeschi durante la Shoah), il massacro di Nanchino o le uccisioni civili con armi biologiche avvenute a Singapore e Manila.

La dittatura Showa utilizzò il venerato Yamato-damashii (un termine per indicare l'orgoglio e la resistenza del popolo giapponese) per promuovere la superiorità razziale e le ideologie suprematiste. Secondo uno dei mentori dell'imperatore Showa, lo storico Kurakichi Shiratori, niente al mondo era paragonabile alla famiglia reale giapponese e alla sua grandezza come Stato sovrano a sé stante.

Da Washington a Mukden

L'ideologia dominante, capeggiata dal presidente americano Wilson, che si diffuse dopo la Prima guerra mondiale, sosteneva la diffusione della democrazia attraverso l'autodeterminazione, l'istituzione di organismi di cooperazione internazionale (nello specifico, le Nazioni Unite e la Società delle Nazioni), ma soprattutto la diffusione del capitalismo, ossia l'unica ideologia possibile e applicabile per una pace serena e duratura. Non

72

venivano accettate visioni diverse da quelle decise dai vincitori e da chi aveva più potere di difendere i propri interessi, come spesso capitato nella storia del resto.

Sulla base di questa ideologia, le potenze occidentali si orientarono verso un tentativo di disarmo generale. Tentativo che però non fu proprio "corretto" ed egualitario, in quanto ognuno, come è anche normale che sia in contesti del genere, cercò di prendere più vantaggi possibili. Durante la Conferenza navale di Washington del 1921-22, le Grandi potenze si riunirono per discutere e stabilire i limiti dell'armamento navale. Il conseguente Accordo di limitazione navale delle cinque potenze conteneva disposizioni per limitare la competizione tra navi da battaglia e portaerei a un rapporto di 5:5:3 (tra Regno Unito, Stati Uniti e Giappone, nell'ordine). Basta sapere qualcosa di matematica per capire che non era un accordo poi così equo, o sbaglio? Ciò fu naturalmente considerato dai nazionalisti giapponesi come una sottile espressione delle politiche espansionistiche occidentali e di discriminazione razziale. Anche se questo era un sentimento popolare, coloro che detenevano il potere in Giappone accettarono il trattato di disarmo. La loro convinzione era che l'interesse mondiale per la guerra si fosse notevolmente ridotto dopo la Prima Guerra Mondiale e che questo sarebbe stato sufficiente per mantenere il loro vantaggio sull'Oceano Pacifico.

Il clima cambiò drasticamente nel 1924, tanto che i cittadini giapponesi lo definirono l'anno che gettò i semi per la nascita di una guerra razziale e sostennero il rafforzamento delle forze militari giapponesi. Le leggi razziste, di cui abbiamo parlato, fecero infuriare i giapponesi soprattutto per un motivo specifico, ossia il fatto che avevano ridotto il Giappone al livello degli altri Stati asiatici (che i giapponesi consideravano di gran lunga inferiori, dal punto di vista razziale, spirituale, politico ed economico). Quindi non c'era solo la rabbia per la discriminazione razziale (che, fosse stata solo quella, sarebbe stata anche sacrosanta), ma anche per il fatto che l'Occidente non li aveva ancora riconosciuti come una potenza a sé stante, come una potenza di gran lunga migliore e più forte degli altri Paesi asiatici. Penso che fu questo uno dei motivi principali per cui commisero massacri e terribili crimini di guerra verso gli altri asiatici, forse, sotto sotto, per dimostrare a loro stessi di essere più forti. Passatemi la metafora di quello che sto per dire, è come il bullo che se la prende con i deboli a causa di sue insicurezze personali.

Il 1930 vide la ratifica del Trattato navale di Londra. Lo scopo di questo trattato era di modificare quanto deciso nel Trattato di Washington. Il governo giapponese chiese di modificare le proporzioni della presenza navale nel pacifico, passando da 5:5:3 a 10:10:7, richiesta che fu ovviamente respinta dagli Stati Uniti. Dopo lunghissime trattative, il Giappone ottenne un 5:5:4 ma solo per una tipologia di imbarcazioni: gli incrociatori pesanti. Si trattava ovviamente di una somma molto misera, che non placò l'odio che imperversava tra la popolazione giapponese, che stava cadendo sotto l'incantesimo dell'ultranazionalismo. Lo spirito dell'ultranazionalismo divenne così forte che un ultranazionalista ribelle sparò e ferì il Primo Ministro Osachi il 14 novembre 1930. La ferita si rivelò fatale e il ministro morì nel 1931.

Dal 1928 al 1932 non ci fu modo di evitare i disordini interni. La Grande Depressione ebbe un forte impatto sul Giappone, mentre il governo reprimeva i movimenti di sinistra. I prezzi della seta e del riso crollarono e le esportazioni si dimezzarono. La disoccupazione aumentò vertiginosamente sia nelle città che nelle aree rurali, causando una diffusa agitazione sociale. Nel 1931, il governo civile, vicino all'Occidente, aveva perso il controllo completo del popolo giapponese. Nell'estate dello stesso anno, l'esercito approfittò del caos crescente per invadere la Manciuria, che era un focolaio di tensioni politiche e di odio per tutto ciò che era occidentale. Dato che il Giappone aveva mantenuto una presenza dell'esercito in Manciuria fin dalla guerra russo-giapponese del 1905, l'invasione non fu troppo difficile.

In seguito a un'esplosione sui binari della ferrovia giapponese nella periferia nord di Mukden, l'esercito giapponese radunò l'Armata del Kwantung e la condusse contro i soldati cinesi, che non riuscirono a opporre alcuna valida resistenza. Il reggimento giapponese conquistò la Manciuria da cima a fondo e la sostituì con uno Stato fantoccio (Manchukuo). La Dieta, già dominata da funzionari militari giapponesi, decise di ritirarsi dalla Società delle Nazioni.

Il regno dello Stato militare

Per tutti gli anni Trenta, i militari esercitarono un controllo quasi totale sul popolo giapponese. Capitava spesso che gli oppositori politici avessero "strane e improvvise morti", e l'indottrinamento e la repressione nelle istituzioni e nei media era frequente. Gli ufficiali dell'esercito e della marina occupavano la maggior parte delle posizioni governative più importanti, compreso l'ufficio del Primo Ministro. Nel 1933 il Giappone si ritirò dalla comunità internazionale e, più nello specifico, uscì dalla Società delle Nazioni. Tutto ciò ne determinò l'isolamento politico dal resto del mondo, lasciandolo senza alleati globali e costantemente condannato dall'occidente per le sue azioni, spesso criminali.

Questo isolamento, però, piaceva alla popolazione, perché ne acuiva il sentimento nazionalista.

Molti sacerdoti e educatori shintoisti sono stati reclutati dai gruppi politici nazionalisti per indottrinare il pubblico con punti di vista ultranazionalisti. Lo shintoismo, in quanto religione nata in Giappone, era diventato uno strumento di propaganda riguardante "l'orgoglio di essere giapponese". L'aspetto religioso non c'entrava assolutamente nulla. Gli eventi che circondano il piano di assassinio della Lega del Sangue (di cui parliamo nella sezione speciale appena sotto) e il conseguente clamore del processo ai suoi autori erodono gravemente il potere della legge costituzionale nel Giappone di Showa, che era già stato danneggiato. Nel maggio di quell'anno, la Marina e l'Esercito effettuarono un attentato contro il Primo Ministro. Nonostante il complotto non sia riuscito a lanciare un vero e proprio colpo di Stato, ha avuto successo nel rimuovere la capacità dei politici di esercitare il potere sul Paese.

Ketsumeidan Jiken (Incidente della Lega del Sangue)

La ratifica del Trattato navale di Londra limitò la forza e la presenza della Marina imperiale giapponese. Di conseguenza, nacque un movimento tra i ranghi degli ufficiali minori con l'obiettivo di rovesciare il governo costituzionale esistente e sostituirlo con un governo militare. Il movimento potrebbe essere collegato alla società segreta Sakurakai. Nel 1930, la Sakurakai, o Società dei Fiori di Ciliegio, era una riunione segreta di giovani ufficiali giapponesi ultranazionalisti. L'obiettivo era quello di strutturare il governo nazionale e lo

---

Stato attorno a ideologie totalitarie e di governo militare. A nessuno importava del fatto che questo richiedeva un rovesciamento totale e uno sconvolgimento del governo. Questo gruppo desiderava una piena Restaurazione Showa, con l'obiettivo di elevare l'imperatore Hirohito a una posizione di gloria divina, dove avrebbe potuto prendere decisioni imperiali libere dall'influenza di una burocrazia stridente e di partiti politici corrotti. L'ideologia dominante era che ciò potesse avvenire solo sotto una dittatura militare.

Un movimento molto affine a questa ideologia stava nascendo all'interno del corpo navale minore, che si mise in contatto con il pericoloso radicale Inoue Nissho, fondatore e membro centrale del *Ketsumeidan* - o Lega del Sangue. Nissho e molte frange estremiste militari condividevano la stessa filosofia, ossia che una vera Restaurazione Showa poteva avvenire solo attraverso l'assassinio degli attuali leader politici e commerciali, considerati corrotti e incapaci.

Nel marzo 1932 ebbe luogo il primo incidente della Lega del Sangue. Il gruppo di Inoue assassinò l'ex ministro delle Finanze e leader del Rikken Minseito (un partito politico dominante nel Giappone dell'era prebellica), Inoue Junnosuke. Inoltre, attaccarono e uccisero il direttore generale della Mitsui Holding Company, Takuma Dan.

Tutto questo è stato seguito da un assalto a Makino Nobuaki, Lord Custode del Sigillo Privato, leader del gruppo politico Rikken Seiyukai. Non solo i politici e vari leader furono presi di mira, il *Ketsumeidan* prese di mira anche numerose infrastrutture, soprattutto per quanto riguarda gli impianti elettrici. Era una vera e propria opera di boicottaggio totale.

L'episodio più importante della storia della Lega del Sangue avvenne il 15 maggio 1932, dove un gruppo formato da poliziotti e ufficiali della marina uccise il Primo Ministro Tsuyoshi Inukai.

Ad ogni modo, nonostante le importanti personalità assassinate (specialmente il Primo Ministro) e il tanto rumore di quegli episodi violenti o distruttivi, l'insurrezione non ebbe il risultato sperato e si può considerare un fallimento. Alla fine, gli assalitori, braccati, si sono consegnati alla polizia.

Gli undici agenti di polizia e ufficiali di marina che uccisero il primo ministro Inukai furono condannati a morte per fucilazione. Gli imputati usarono il processo per dimostrare la loro devozione all'imperatore Hirohito e per ottenere il sostegno dell'opinione pubblica al governo e ai cambiamenti economici. Alla fine del processo, il tribunale aveva ricevuto 110.000 richieste di clemenza, presumibilmente firmate o scritte col sangue. Il tribunale ha anche ricevuto un barattolo contenente nove mignoli mozzati in salamoia da nove studenti delle scuole superiori di Niigata che hanno chiesto di essere processati al posto degli imputati. Questo avrebbe dovuto indicare una forte volontà di affrontare le conseguenze delle azioni degli aggressori.

A seguito della crescente pressione dell'opinione pubblica, si prevedeva che gli aggressori del Primo Ministro Inukai sarebbero tornati in libertà nel giro di pochi anni, se non prima, grazie alla sentenza clemente del tribunale. Il fallimento dell'incidente del 15 maggio nel punire duramente i leader ribelli ha danneggiato ulteriormente la governance democratica e lo stato di diritto del Giappone. Ciò ebbe un impatto diretto sia sull'Affare del 26 febbraio sia sull'ascesa del militarismo giapponese.

L'incidente del 26 febbraio 1936

L'incidente del 26 febbraio 1936, noto anche come il Tentato Colpo di Stato del 26 Febbraio o la Ribellione del 26 Febbraio, rappresenta uno dei momenti più tumultuosi nella storia politica e militare del Giappone prebellico. Questo evento fu orchestrato da un gruppo di giovani ufficiali dell'Esercito Imperiale Giapponese, appartenenti alla fazione radicale ultranazionalista denominata Kōdōha, o Fazione della Via Imperiale, che mirava a un radicale cambiamento politico e sociale.

Nelle prime ore del 26 febbraio, i ribelli lanciarono un attacco sorpresa a Tokyo, puntando a edifici governativi chiave per assicurarsi il controllo dei centri nevralgici del potere. Tra gli edifici occupati vi furono la residenza del Primo Ministro, il Palazzo della Dieta, il Ministero della Guerra, e il Quartier Generale dell'Esercito Imperiale Giapponese, tra gli altri. L'obiettivo era di neutralizzare la leadership del paese per imporre le proprie richieste di riforma.

Durante questo attacco, i ribelli assassinarono diverse figure di spicco del governo e dell'alta gerarchia militare. Tra le vittime ci furono il Generale Jotaro Watanabe, il Generale Saito Makoto, il Vice Ministro delle Finanze Takahashi Korekiyo, e il Capo della Polizia Metropolitana di Tokyo. Questi omicidi miravano a eliminare coloro che erano considerati ostacoli al percorso del Giappone verso la riforma e il rafforzamento nazionale.

Tuttavia, l'Imperatore Hirohito condannò fermamente il tentativo di colpo di stato e ordinò alle restanti forze leali dell'esercito di sopprimere la ribellione. Dopo due giorni di tensioni, la ribellione fu repressa, segnando un fallimento per i ribelli che speravano in un sostegno più ampio.

La fallita insurrezione ebbe significative conseguenze. Molti dei partecipanti furono arrestati e giustiziati o puniti severamente. Questo evento portò a un rafforzamento del controllo governativo e militare, segnando un passo decisivo verso l'ulteriore militarizzazione della società giapponese e l'espansione aggressiva in Asia, prefigurando la Seconda Guerra Mondiale. La ribellione del 26 febbraio evidenziò la fragilità della democrazia giapponese e l'intensa lotta di potere all'interno dell'élite governativa e militare, accelerando il percorso del Giappone verso un regime totalitario. Questo episodio della storia giapponese rimane un chiaro esempio delle tensioni interne che possono portare a drastiche azioni politiche e dei loro potenziali impatti sulla direzione di un paese.

Atmosfera generale in Giappone negli anni '30

All'inizio e verso la metà degli anni '30, il Giappone navigava in acque turbolente. Il nazionalismo popolare aveva raggiunto vette così elevate da sembrare completamente fuori controllo. In questo clima di intensa agitazione, germogliava l'ideologia della Grande Sfera di Co-Prosperità dell'Asia Orientale, un progetto ambizioso che mirava all'unificazione degli "otto angoli del mondo" sotto l'egida di un imperatore supremo, scelto e benedetto dagli dèi, secondo il principio del Kodo. Questa visione aveva già cominciato a prendere piede, affondando radici profonde nel tessuto sociale e politico del Giappone.

In un contesto dove nessuno, inclusi i leader politici, era al sicuro dalle violenze perpetrate dai militari, il Giappone si trovava a un bivio storico. La Seconda guerra sino-giapponese ne è un esempio lampante, rappresentando un periodo in cui le dinamiche interne del Giappone si scontravano e intrecciavano con quelle globali, delineando un contrasto marcato tra la situazione interna del paese e il contesto internazionale. Questo periodo critico della storia giapponese non solo segnò l'apice del nazionalismo e dell'espansionismo militare, ma mise anche in luce la complessità e le contraddizioni che caratterizzavano il Giappone sulla scena mondiale, in un momento in cui il destino del paese e quello del mondo intero sembravano inevitabilmente intrecciati.

Guerra sino-giapponese: seconda fase

Il 7 luglio 1937, l'esercito giapponese del Kwantung invase la Manciuria, utilizzando come pretesto delle presunte esplosioni sentite sul lato cinese della Manciuria. Ci volle poco tempo per assistere ad un'escalation militare, che portò l'imperatore Hirohito a dichiarare una vera e propria guerra, definita "guerra santa" per motivi propagandistici. In quel periodo la Cina era divisa in due principali fazioni politiche interne. Una era il PCC o Partito Comunista Cinese, guidato da Mao Zedong. L'altra era il KMT (Kuomintang) o Governo Nazionalista Cinese, guidato da Chiang Kai-shek.

Il Giappone era molto fiducioso per quanto riguarda il successo di questa operazione, sia sulla base dello storico dei loro confronti contro la Cina, sia perché in quel periodo l'esercito giapponese, nel suo complesso, era uno dei più grandi del mondo. Nonostante avesse una forza di fanteria inferiore rispetto alle potenze occidentali, poteva contare su una flotta navale e aerea di dimensioni colossali, alcune stime dicono fosse la terza al mondo per grandezza e tecnologia.

Alla fine dell'estate 1937, i giapponesi avevano annientato la rinomata 29ª Armata a Kupeikou e avevano conquistato Pechino. Proseguirono verso sud lungo le rotte ferroviarie chiave utilizzate dai cinesi, come Peiping-Suiyan, Peiping-Hankow e Tientsin-Pukow. Le forze giapponesi, più forti, le conquistarono facilmente.

Già a ottobre, la Cina era con le spalle al muro, dopo che l'esercito cinese più potente fu sconfitto facilmente a Shanghai. Nei due mesi successivi, il Giappone prese anche Nanchino, la capitale della Cina. Negli anni successivi, a guerra mondiale già iniziata, si stima che questo conflitto abbia causato la morte di milioni di persone. Le intenzioni di massacrare i cinesi erano ben chiare fin dagli inizi, non a caso il loro motto era: "uccidere tutti, bruciare tutti e rubare tutto". I gruppi ribelli indipendenti cinesi, per difendersi, erano costretti a usare tattiche di guerriglia urbana, ma tutto ciò andò contro i civili cinesi stessi, sia perché finirono per danneggiare le città stesse in cui vivevano, sia perché innervosirono non poco i nemici, che aumentarono ancora di più la cattiveria e l'aggressività. Il massacro di Nanchino e altri crimini di guerra giapponesi sono stati ampiamente documentati, e numerose testimonianze ci sono giunte.

Il Massacro di Nanchino, o "Stupro di Nanchino", fu compiuto dall'esercito giapponese dopo la conquista di Nanchino il 13 dicembre 1937. Il massacro provocò un gran numero di morti, tra cui neonati e anziani, e una diffusa violenza sessuale contro le donne cinesi. Gli storici cinesi e giapponesi sono in netto disaccordo sul numero effettivo di morti durante il conflitto, ma capite bene che questa cifra non sposta assolutamente il valore di ciò che è successo.

Nel 1939 lo sforzo militare giapponese era in una fase di stallo. Wuhan, Nanchino, Pechino e Shanghai erano state conquistate dall'esercito giapponese molto facilmente. Più difficili invece furono le campagne di Chongqing e Yenan, dove i cinesi erano molto più uniti tra di loro e davano filo da torcere ai più potenti nipponici.

Il massacro di Nanchino

Il Massacro di Nanchino, noto anche come il "Rapimento di Nanchino," rappresenta uno degli episodi più oscuri e tragici della Seconda Guerra Sino-Giapponese e dell'intera storia del XX secolo. Nell'inverno tra il 1937 e il 1938, la città di Nanchino, allora capitale della Repubblica di Cina, fu teatro di atrocità inimmaginabili commesse dall'Esercito Imperiale Giapponese.

Come già detto, l'avanzata giapponese in Cina fu rapida e brutale, con l'intento non solo di conquistare territorio ma anche di spezzare lo spirito di resistenza del popolo cinese. Nanchino, ricca di significato storico e politico, divenne presto un obiettivo primario per l'esercito giapponese, anche per motivi simbolici. Dicembre 1937 vide l'inizio dell'assedio, che culminò con la caduta della città il 13 dello stesso mese.

Subito dopo l'occupazione, le truppe giapponesi iniziarono a compiere una serie di crimini di guerra e contro l'umanità, che sarebbero entrati nella storia come il Massacro di Nanchino. Per sei settimane, soldati giapponesi massacrarono sistematicamente civili e prigionieri di guerra disarmati. Stime conservative parlano di almeno 200.000 vittime, sebbene alcuni studi suggeriscano un numero molto più elevato. Oltre agli omicidi di massa, migliaia di donne furono vittime di stupri brutali. La violenza indiscriminata, gli stupri, le mutilazioni, e l'uccisione di civili e prigionieri divennero all'ordine del giorno, in una spirale di terrore che sembrava non avere fine. Non venne risparmiato nessuno, neanche i bambini, oggetti anche loro spesso e volentieri di torture e massacri.

Le atrocità commesse a Nanchino sono state ampiamente documentate da testimoni oculari, tra cui giornalisti stranieri e membri del personale diplomatico presenti in città al momento dell'occupazione. Le testimonianze raccolte da questi osservatori neutrali hanno giocato un ruolo cruciale nell'assicurare che gli eventi di Nanchino non venissero dimenticati o negati. Inoltre, fotografie, filmati e documenti ufficiali giapponesi hanno fornito prove inconfutabili delle atrocità commesse.

L'eco delle atrocità di Nanchino raggiunse rapidamente la comunità internazionale, suscitando condanna e orrore. Condanna e orrore che però furono solo a parole, in quanto, nonostante le prove schiaccianti e le testimonianze, la risposta internazionale fu comunque limitata. Le complicazioni geopolitiche del tempo e gli interessi nazionali spesso prevalsero sull'esigenza di giustizia per le vittime del massacro, anche perché, ricordiamocelo, stiamo parlando degli anni pre-guerra mondiale. Solo nel secondo dopoguerra, alcuni dei responsabili furono processati per crimini contro l'umanità, ma molti considerano che la giustizia sia stata solo parzialmente servita.

La memoria del Massacro di Nanchino è stata a lungo oggetto di tensioni politiche e storiche, specialmente tra Cina e Giappone.

Mentre in Cina il massacro è commemorato come una ferita nazionale profonda, in Giappone vi è stata una tendenza da parte di alcuni settori a minimizzare o negare gli eventi. Questo negazionismo ha alimentato controversie e ha ostacolato il processo di riconciliazione tra i due paesi. Solo recentemente, alcuni leader giapponesi hanno riconosciuto alcuni crimini di guerra contro Cina e Corea e chiesto delle scuse formali, ma si tratta comunque di episodi isolati, che non rappresentano davvero il sentimento giapponese verso questi eventi. È come se il Giappone, nel suo cambiamento di approccio verso la pace, voglia completamente rinnegare qualsiasi atrocità sia stata compiuta in quegli anni, e tenerne le distanze il più possibile, come in una sorta di vergogna nazionale.

Considerazioni personali

Questo capitolo sanguinolento, sebbene troppo spesso trascurato nei racconti convenzionali del conflitto globale, rappresenta una ferita aperta nel tessuto della memoria collettiva, un promemoria crudele della nostra capacità di infliggere dolore incommensurabile l'uno all'altro.

Riflettere sul Massacro di Nanchino non è solo un'esercitazione storica; è un viaggio nel cuore del comportamento umano, un'esplorazione delle dinamiche di guerra, della psicologia di gruppo e della violenza sfrenata che possono emergere quando la civiltà si sgretola. Questa tragedia, con la sua scala di barbarie, ci costringe a confrontarci con questioni profonde e scomode su chi siamo, su cosa siamo capaci di fare sotto la spinta di forze oscure come l'odio, la paura e l'avidità.

Non dimentichiamo mai che atrocità simili si verificano ancora oggi, in scale anche più piccole, in angoli lontani e vicini del nostro mondo. La lezione che Nanchino ci insegna va oltre il ricordo di un evento passato; ci interpella direttamente, invitandoci a una riflessione continua e profonda sul nostro essere collettivo e individuale.

Parlare, ricordare e insegnare su eventi come il Massacro di Nanchino è più che un dovere morale; è un imperativo etico che abbiamo verso noi stessi e le generazioni future. Solo affrontando la realtà cruda di ciò che siamo stati capaci di fare, possiamo aspirare a diventare chi vogliamo essere: una specie che sceglie il bene, respingendo il male che abbiamo visto manifestarsi in momenti come quello vissuto a Nanchino.

La Seconda guerra sino-giapponese passerà alla storia come la singola guerra più massiccia del XX secolo. Culminò con un numero enorme di vittime (sia militari che civili), con una stima che si aggira tra i 10 e i 25 milioni di morti (di cui 4 milioni di giapponesi), a seconda del calcolo che si vuole fare, ossia se consideriamo i morti diretti o quelli indiretti, come per esempio per colpa della carestia o di rivolte civili.

Conflitti e battaglie prima dell'incidente di Pearl Harbor

Lago Khasan: Nel 1938, la 19ª Divisione dell'esercito giapponese entrò nel territorio controllato dall'Unione Sovietica. Ne seguì la battaglia del lago Khasan. Tra i militari giapponesi c'era l'idea preconcetta che l'Unione Sovietica avesse commesso un errore nella demarcazione dei confini secondo il Trattato di Pechino (che coinvolgeva la Cina manchu e la Russia imperiale). Nel maggio

1939 si verificò la battaglia di Khalkhin Gol (l'incidente di Nomonhan), in cui 70-90 membri di una divisione di cavalleria mongola entrarono in questa regione contesa. Ciò spinse il coinvolgimento dell'esercito giapponese.

Stalin presentò immediatamente una mozione di contrattacco, provocando enormi perdite sul fronte giapponese. Nel settembre 1939, le parti concordarono un armistizio. Due anni dopo (nell'aprile 1941) firmarono un Patto di neutralità. Secondo i termini di questo patto, l'Unione Sovietica diede la sua parola per sostenere l'integrità territoriale e la sacralità del Manchuko. Da parte loro, i giapponesi accettarono di sostenere lo stesso nei confronti della Repubblica Popolare Mongola.

Indocina francese: Nel complesso, le forze armate giapponesi adottarono misure espansionistiche aggressive negli anni Trenta come risultato di una discrepanza tra le loro ambizioni e le loro risorse. Il Giappone aspirava a diventare una vera potenza globale, ma le sue risorse naturali erano insufficienti. Per risolvere questo problema, nel 1940 l'esercito imperiale giapponese marciò verso il Guangxi meridionale con l'obiettivo di conquistare Longzhou. Longzhou era il capolinea orientale di una ferrovia che collegava Hanoi al confine. L'esercito giapponese intendeva muoversi da lì verso ovest per distruggere la linea ferroviaria che collegava l'Indocina a Kunming.

Il 22 giugno 1940 segnò un punto di svolta nella Seconda Guerra Mondiale quando la Francia accettò le condizioni di armistizio imposte dalla Germania, alleata del Giappone. Questo evento portò alla nascita del governo di Vichy, una entità nominalmente neutrale ma sostanzialmente incline alle potenze dell'Asse, che presiedeva il territorio francese non occupato. Questo nuovo governo aveva il controllo sulla maggior parte delle colonie francesi d'oltremare,

Indocina inclusa. Nonostante il contesto internazionale, l'esercito imperiale giapponese procedette con la cattura di Longzhou, bloccando un'importante via di comunicazione. I tentativi di bombardamento aereo da parte giapponese non sortirono gli effetti sperati, lasciando la linea ferroviaria verso lo Yunnan aperta. Di fronte a questa situazione, l'IJA (acronimo di *Imperial Japanese Army*, l'esercito imperiale giapponese) intensificò le pressioni sul governo di Vichy affinché interrompesse il traffico ferroviario nello Yunnan. Tuttavia, i francesi mostrarono resistenza, rifiutando di cedere alle richieste giapponesi.

Le potenze dell'Asse: Una settimana dopo la stipula di un trattato di amicizia, Germania e Italia consolidarono la loro alleanza formando l'Asse Roma-Berlino, un'iniziativa volta a sovvertire l'equilibrio europeo. Successivamente, il 25 novembre 1936, fu la volta del Patto anticomintern, siglato tra la Germania nazista e il Giappone imperiale, con l'obiettivo di contrastare l'influenza comunista a livello globale. Questo Patto vide l'adesione dell'Italia il 6 novembre 1937, rafforzando ulteriormente le sinergie tra questi paesi. L'asse si consolidò definitivamente con la firma del Patto d'Acciaio il 22 maggio 1939, tra Germania e Italia, che non solo cementava l'alleanza ma introduceva specifiche clausole militari. Il quadro dell'Asse fu completato con l'ingresso del Giappone, segnato dalla firma del Patto Tripartito nel settembre 1940, trasformando così Germania, Italia e Giappone nell'Alleanza dell'Asse, un blocco unito in opposizione agli Alleati durante la Seconda Guerra Mondiale.

Il 5 settembre 1940 fu un altro giorno importante per il conflitto nel Sud-Est asiatico, quando la divisione del Fronte Cinese Meridionale dell'Esercito Imperiale Giapponese mobilitò le forze anfibie, note come "Indochina Expeditionary Army", verso l'Indocina. Questo dispiegamento massiccio includeva unità navali, aeree, e portaerei con base sull'isola di Hainan, sotto il comando di Takuma Nishimura. La vastità e la potenza di questa forza rappresentarono una minaccia tale che la Francia di Vichy, già in crisi nei suoi territori europei, si dovette arrendere quasi senza controbattere.

Il 22 settembre, meno di un mese dopo l'inizio della campagna, fu firmato un trattato tra il Giappone e l'Indocina controllata da Vichy. Questo accordo autorizzava formalmente il Giappone ad avere fino a 6.000 soldati in Indocina, concedendo inoltre il diritto di trasferire uomini e materiali attraverso il territorio, pur con alcune condizioni da seguire. Questo evento non solo rifletteva la crescente espansione militare e l'influenza del Giappone in Asia, ma segnava anche un momento di significativa svolta nell'equilibrio di potere regionale, con implicazioni dirette per le dinamiche della Seconda Guerra Mondiale nel teatro del Pacifico.

Le condizioni che ho appena nominato nel paragrafo sopra furono ovviamente violate dall'IJA, già nel giro di poche ore, quando il generale Akihito Nakamura attraversò tre confini e attaccò lo scalo ferroviario di Lang Son, vicino a Longzhou. Ciò era contrario ai termini del trattato e portò a un conflitto che continuò fino al 25 settembre. Una brigata di soldati coloniali dell'Indocina francese e di legionari stranieri combatté l'IJA a Lang Son, ma alla fine i giapponesi rivendicarono la vittoria, aprendosi la strada verso Hanoi.

Il 24 settembre, a seguito della protesta dei francesi contro la violazione del trattato, il Giappone attaccò le fortificazioni costiere francesi con un poderoso attacco aereo. In tutta risposta, la Francia iniziò a sparare colpi di artiglieria contro qualsiasi tentativo di sbarco non autorizzato, anche che non c'entrasse niente con i giapponesi.

Il 26 settembre le truppe giapponesi lanciarono un'invasione a Dong Tac, situata a sud di Haiphong. Questa offensiva fu seguita da uno sbarco di rinforzi, inclusi carri armati, e da un'intensa campagna aerea con bombardieri giapponesi mirati a Haiphong. Entro il pomeriggio, un contingente di 4.500 soldati giapponesi supportati da 12 carri armati aveva preso posizione alle porte di Haiphong, preludio di un assedio.

Il conflitto intenso di quei giorni si placò verso la fine di settembre, lasciando dietro di sé cambiamenti significativi nella regione. Il Giappone riuscì a consolidare la sua presenza militare catturando infrastrutture chiave: la base aerea di Gia Lam, appena fuori Hanoi, divenne un punto strategico nelle mani giapponesi, così come il deposito ferroviario di Lao Cai e di Phu Lang Thuong, essenziali per il controllo della ferrovia Hanoi-Lang Son. La dislocazione delle forze giapponesi comprendeva 900 soldati a Haiphong e 600 ad Hanoi, segnando l'inizio di un'occupazione che si sarebbe protratta fino alla conclusione della Seconda Guerra Mondiale.

Era chiaro ormai che il Giappone stava violando qualsiasi trattato e parlare con loro era diventato impossibile. La potenza asiatica era interessata solo a dimostrare il proprio potere e a spargere sangue ovunque, perdendo ormai ogni credibilità agli occhi delle altre potenze internazionali. In risposta a queste provocazioni, nel luglio 1941 gli Stati Uniti bloccarono tutte le esportazioni di petrolio verso il Giappone. Questo, contrariamente alle aspettative, fece infuriare ancora di più i giapponesi, che elaborarono un piano per impadronirsi delle Indie Orientali Olandesi, ricche di petrolio e altre risorse naturali utili in ambito bellico. A seguito di questa minaccia, gli Stati Uniti riaprirono un ponte comunicativo con il Sol Levante e accettarono di partecipare ai negoziati. Il Giappone fu però irremovibile, forte dei suoi successi pretendeva che gli Stati Uniti, l'Impero Britannico e l'Olanda avessero smesso di assistere la Cina e revocato le sanzioni in cambio della fine delle operazioni nel Sud-Est asiatico. Ovviamente questo non piaceva all'America. La loro controproposta (resa nota il 26 novembre) richiedeva al Giappone di ritirare tutte le sue truppe dalla Cina senza condizioni e di stipulare trattati di non aggressione con le potenze del Pacifico.

Tutto era quindi apparecchiato per il disastro incombente, uno degli episodi più famosi della storia del XX secolo e forse dell'umanità, raccontato anche in centinaia di opere letterarie e anche cinematografiche: l'attacco di Pearl Harbor.

L'attacco a Pearl Harbor

L'attacco a Pearl Harbor, avvenuto la mattina del 7 dicembre 1941, segnò uno dei momenti più infami nella storia militare degli Stati Uniti e servì come catalizzatore per l'entrata del paese nella Seconda Guerra Mondiale. Questo assalto sorpresa aveva l'obiettivo di neutralizzare la flotta del Pacifico degli Stati Uniti per impedire interferenze americane nelle ambizioni espansionistiche giapponesi nel sud-est asiatico.

La mattina del 7 dicembre, la base navale di Pearl Harbor, situata sull'isola di Oahu nelle Hawaii, fu attaccata da 353 velivoli giapponesi lanciati da sei portaerei. L'assalto iniziò alle 07:48, ora locale, senza una dichiarazione di guerra preventiva, rendendo l'attacco un atto di guerra completamente inaspettato e, secondo molti, sleale. Gli aerei giapponesi erano divisi in due ondate, la prima delle quali mirava a colpire le navi da battaglia e le principali installazioni aeree, mentre la seconda si concentrava su altri obiettivi navali e sull'infrastruttura della base.

La prima ondata fu devastante, prendendo di mira le otto navi da battaglia americane ancorate a Battleship Row. Di queste, quattro furono affondate, ma la tragedia più grande la subì l'USS Arizona, che, attaccata da una decina di missili di tipo Nakajima B5N, venne completamente distrutta in quanto sfortunatamente una di queste bombe colpì il deposito di munizioni e polvere da sparo. L'esplosione fu violentissima, e nell'arco di pochi minuti morirono addirittura 1.177 dei 1.512 membri dell'equipaggio. Le altre navi da battaglia furono danneggiate a vari livelli. L'attacco mirò anche a distruggere gli aerei americani sulle piste di decollo per prevenire una risposta aerea, distruggendo o danneggiando circa 188 aerei.

La seconda ondata, lanciata poco dopo, intensificò la distruzione, colpendo le restanti strutture navali e di supporto della base. Mentre questa ondata riuscì a infliggere ulteriori danni, la risposta antiaerea americana divenne più coordinata ed efficace, abbattendo diversi aerei giapponesi, anche grazie all'azione di eroici generali dell'aviazione come Kenneth M. Taylor e George Welch, che si dice abbiano abbattuto sette aerei pilotando i caccia in smoking, in quanto furono chiamati a combattere mentre erano di ritorno da una lunga festa durata tutta la notte.

Nonostante l'enorme successo tattico, l'attacco non riuscì a colpire le portaerei americane, che quel giorno erano fuori portata in mare, evitando così la distruzione. Inoltre, i sottomarini, così come le strutture di riparazione delle navi, rimasero largamente intatti, permettendo agli Stati Uniti di riprendersi relativamente in fretta dal punto di vista militare. Il fatto che le portaerei non si trovassero sul luogo fu un grande colpo di fortuna per gli americani, in quanto queste stesse portaerei furono fondamentali per molte delle battaglie successive della Seconda Guerra Mondiale. Pensate a cosa sarebbe potuto succedere se le avessero perse, forse stiamo parlando di uno di quei "colpi di fortuna" che hanno avuto un ruolo di "sliding doors" nell'intero conflitto bellico.

La reazione americana all'attacco fu unanime e immediata. Il presidente Franklin D. Roosevelt dichiarò il 7 dicembre 1941 come "una data che vivrà nell'infamia" e, il giorno seguente, gli Stati Uniti dichiararono guerra all'Impero Giapponese. Questo evento catalizzò l'entrata degli Stati Uniti nella Seconda Guerra Mondiale, unendosi agli Alleati nella lotta contro le Potenze dell'Asse.

Le conseguenze dell'attacco furono profonde. Oltre 2.400 americani persero la vita, e circa 1.200 furono feriti. Il danno materiale alla flotta del Pacifico e alle installazioni di Pearl Harbor fu significativo, ma l'organizzazione e la capacità produttiva degli Stati Uniti si dimostrarono superiori alle aspettative. Nei mesi e negli anni seguenti, gli Stati Uniti mobilitarono una risposta militare e industriale su vasta scala, che alla fine sarebbe stata cruciale per la vittoria degli Alleati nella guerra.

L'attacco a Pearl Harbor rimane un simbolo potente dell'inaspettata vulnerabilità e della resilienza americana, ma anche un punto di svolta dei più importanti della storia. Ha, infatti, segnato il passaggio definitivo dalla politica di isolazionismo degli Stati Uniti all'impegno diretto negli affari mondiali, una posizione che il paese ha mantenuto fino ad oggi.

Curiosità sull'accaduto

- I veterani degli Stati Uniti che sono sopravvissuti all'attacco di Pearl Harbor possono presentare una richiesta ufficiale per essere sepolti in quel luogo.
- Uno dei motivi per cui l'attacco fu efficace fu la sottovalutazione del pericolo; infatti, l'amministrazione statunitense sospettava che il Giappone avrebbe attaccato le Filippine prima dell'incidente di Pearl Harbor.
- Le massicce fuoriuscite di carburante dal relitto della USS Arizona hanno causato un piccolo disastro ambientale nella zona, facendo fuoriuscire enormi quantità di carburante e altre sostanze in mare che sono rimaste depositate sul fondo per anni.
- Un sondaggio condotto dopo l'attacco ha rivelato che il 97% degli americani desiderava vendetta e guerra contro il Giappone. Raramente si ricorda una popolazione così unita a favore di una risposta militare, per lo meno nella storia occidentale recente.
- Le perdite totali del Giappone furono di meno di 100 uomini, cinque piccoli sottomarini e un paio di sottomarini della flotta, e circa 30-60 aerei (difficile la stima complessiva).

Cultura popolare: L'attacco di Pearl Harbor ha vissuto una seconda fase di notorietà nel 2001, grazie al film romantico-drammatico di Michael Bay, chiamato, appunto "Pearl Harbor". La pellicola racconta di una storia d'amore che si svolge nel bel mezzo dell'attacco.

Siamo quindi arrivati alla fase clou: l'ingresso totale del Giappone nel contesto della Seconda Guerra Mondiale. Prima di parlare di questo, vediamo la sintesi del capitolo appena concluso.

Riassunto del capitolo

- Gli Stati Uniti si rifiutarono di includere una disposizione sull'uguaglianza razziale alla Conferenza di pace di Parigi dopo la Prima guerra mondiale.

- Negli anni Trenta i servizi armati dominavano l'amministrazione. I conservatori politici furono assassinati e i comunisti perseguitati. La repressione dell'istruzione e dei media aumentò. I generali della marina e dell'esercito finirono per ricoprire le posizioni più importanti, compresa quella di Primo Ministro.

- Quando nel 1931 i nazionalisti cinesi minacciarono significativamente la posizione del Giappone in Manciuria, l'Esercito del Kwantung iniziò un feroce attacco e creò uno stato fantoccio, il Manchukuo. L'aviazione giapponese assaltò Shanghai con il pretesto di proteggere i giapponesi dai movimenti anti-giapponesi.

- Il Giappone lasciò la Società delle Nazioni nel 1933 dopo le aspre critiche alla sua condotta in Cina.

- La seconda guerra sino-giapponese iniziò nel luglio 1937. L'Esercito del Kwantung, agendo indipendentemente da un'amministrazione più moderata, trasformò un incidente minore in una guerra su larga scala. L'esercito giapponese occupò praticamente tutta la costa cinese e perpetrò crimini sulla popolazione cinese, in particolare con la caduta di Nanchino. Il conflitto continuò fino al 1945.

- Il Giappone si impadronì dell'Indocina francese (Vietnam) nel 1940, unendosi alle potenze dell'Asse Germania e Italia. Queste misure inasprirono il rapporto del Giappone con gli Stati Uniti e il Regno Unito, che risposero pesanti sanzioni e il divieto di acquisto del petrolio. A causa della mancanza di petrolio e dei fallimenti diplomatici, il Giappone decise di invadere le Indie Orientali Olandesi (Indonesia), ricche di petrolio e altre risorse naturali, e di lanciare una guerra contro gli Stati Uniti e il Regno Unito.

- Il Giappone attaccò gli Alleati nel dicembre 1941 a Pearl Harbor e altrove nel Pacifico. Nel giro di sei mesi, il Giappone aveva ottenuto il controllo di una vasta area che si estendeva dal confine occidentale dell'India a quello meridionale della Nuova Guinea.

- Pearl Harbor portò gli Stati Uniti in una guerra diretta con il Giappone, segnando formalmente la nascita di una guerra globale.

Capitolo 5: Il Giappone e la Seconda Guerra Mondiale

La situazione tumultuosa della politica europea offriva alle forze armate giapponesi dei vantaggi unici nel momento in cui avevano messo gli occhi su Pearl Harbor. In seguito all'attacco del 1941, forse sull'onda lunga dello stesso, la Germania nazista attaccò la Russia. I giapponesi, quindi, stavano discutendo se unirsi alla Germania nella battaglia contro la Russia da un lato, o se invadere e saccheggiare le colonie europee del sud dall'altro. L'occupazione dell'Indocina da parte dell'Esercito Imperiale Giapponese (IJA) nel 1940 può essere interpretata come un'azione strategica per interrompere i canali di approvvigionamento verso i nazionalisti cinesi, una mossa contro cui l'Europa aveva resistito per lungo tempo. Nel 1941, il Giappone annunciò il suo impegno a prendere il controllo e garantire la protezione dell'Indocina in collaborazione con la Francia di Vichy, siglando un trattato che avrebbe presto infranto. Questa mossa aprì nuove straordinarie opportunità per il Giappone nel sud-est asiatico.

Durante questo periodo, le azioni del Giappone suscitarono un crescente disprezzo globale di natura razziale e politica. In reazione alle manovre giapponesi in Indocina, gli Stati Uniti reagirono congelando tutti i beni giapponesi e imponendo un embargo sulle forniture di petrolio. Nonostante si siano svolti dei negoziati, questi non portarono a risultati concreti. Di fronte al continuo rifiuto americano di accogliere le sue richieste, il Giappone, esasperato, organizzò l'attacco a Pearl Harbor, giungendo al punto in cui ci eravamo fermati nel capitolo precedente.

L'obiettivo bellico primario del Giappone consisteva nell'instaurare un nuovo ordine in Asia orientale, fondato sull'ideale di una co-prosperità che avrebbe visto il Giappone al centro di un blocco economico includente Manciuria, Corea e Cina settentrionale. Questa alleanza economica avrebbe poi puntato a sfruttare le risorse naturali delle fiorenti colonie del Sud-Est asiatico, promuovendo allo stesso tempo la buona volontà e la cooperazione tra le colonie mediante l'eliminazione dei loro governi precedenti. La narrazione propagandistica adottata fu riassunta nel motto "L'Asia orientale per gli asiatici", che, sebbene suoni inclusivo, mirava principalmente a promuovere gli interessi giapponesi, mascherando le ambizioni imperialistiche del Giappone sotto una vernice di solidarietà regionale.

L'attacco a Pearl Harbor nel 1941 colse di sorpresa gli Stati Uniti, contribuendo significativamente al successo dal punto di vista giapponese. Con la successiva fortificazione dei territori appena acquisiti, il Giappone prevedeva che il costo elevato, sia in termini di vite umane che economici, di una possibile riconquista avrebbe scoraggiato le cosiddette "democrazie morbide", particolarmente sensibili all'opinione pubblica e inclini ai negoziati, dal tentare di riprendere tali territori. Tuttavia, questa previsione si rivelò errata.

Guerra

L'attacco a Pearl Harbor ebbe un impatto profondo sull'opinione pubblica americana e sull'impegno degli Stati Uniti nella guerra. Il giorno seguente l'attacco, l'8 dicembre, il Presidente Roosevelt si rivolse al Congresso chiedendo l'autorizzazione per intraprendere azioni militari contro il Giappone. La sua richiesta fu quasi unanimemente accolta, con solo un membro del Congresso che votò contro la dichiarazione di guerra. Pochi giorni dopo, l'11 dicembre, la Germania e l'Italia, alleate del Giappone nell'Asse, dichiararono guerra agli Stati Uniti, spingendo definitivamente il mondo nel pieno della Seconda Guerra Mondiale. Di fronte a questa nuova realtà, l'Italia, che non era preparata per poter sostenere un tale sforzo bellico, si trovò di fronte alla sfida di allestire un esercito capace di sostenere un conflitto su scala globale.

Nel 1941, gli Stati Uniti si trovarono di fronte alla cruciale necessità di formare e addestrare un esercito robusto, in previsione dell'escalation del conflitto. Con la guerra che si profilava all'orizzonte, il Congresso e il Presidente Roosevelt, nel settembre 1940, misero in atto la prima leva militare in tempo di pace nella storia del paese. Entro la fine del 1941, le forze armate statunitensi avevano raggiunto un organico di oltre 2,2 milioni di uomini e donne. Queste truppe erano in gran parte costituite da cittadini che, fino a poco tempo prima, svolgevano professioni civili e che venivano spesso descritti come "soldati cittadini". Provenivano da ogni parte del paese e rappresentavano tutti i livelli della società. La maggior parte di loro, quasi 10 milioni, si unì alle forze armate attraverso la leva obbligatoria.

Contrariamente alle aspettative giapponesi, la marina degli Stati Uniti fu rapidamente ricostruita e le loro difese fortificate furono violate prima che il Giappone riuscisse a sfruttare completamente le risorse dei territori che aveva recentemente occupato.

Nelle fasi iniziali della guerra, il Giappone ottenne una serie di vittorie significative. Le forze giapponesi occuparono Manila a gennaio 1942, mentre l'isola di Corregidor resistette fino a maggio. A febbraio cadde Singapore, seguita dalle Indie Orientali Olandesi e Rangoon (Birmania) all'inizio di marzo. Queste conquiste complicarono le comunicazioni degli Alleati con l'Australia. Inoltre, le perdite subite dalla marina britannica consentirono alla flotta giapponese di operare con maggiore libertà nei mari.

Nonostante le iniziali vittorie giapponesi, la Marina degli Stati Uniti mantenne una presenza determinante nel Pacifico meridionale. Gli Stati Uniti realizzarono imprese produttive straordinarie in vari settori, dimostrando una capacità di mobilitazione e produzione senza precedenti. Un esempio emblematico dell'imponente sforzo bellico americano è dato dalla proposta di Roosevelt nel 1940 di produrre 50.000 aerei all'anno, cifra che sorprese il Congresso. Tuttavia, nel 1944, la produzione aeronautica degli Stati Uniti quasi raddoppiò rispetto al 1943. Emblematica fu la performance dello stabilimento Ford di Willow Run, che a marzo 1944 era in grado di produrre quasi un bombardiere ogni ora di ogni giorno lavorativo, testimoniando l'impressionante portata dello sforzo difensivo americano.

Il budget per la difesa degli Stati Uniti subì un incremento straordinario, passando da 1,5 miliardi di dollari nel 1940 a 81,5 miliardi di dollari entro il 1945. Questo massiccio investimento portò gli Stati Uniti a disporre di una quantità di armamenti tale da renderli la maggiore potenza militare mondiale nel 1944. Oltre a essere ben equipaggiati per la battaglia, gli Stati Uniti erano anche in grado di fornire munizioni e supporto logistico essenziale ai loro alleati, inclusi il Regno Unito e l'Unione Sovietica. La vulnerabilità del Giappone iniziò a emergere chiaramente durante la battaglia delle Midway, a giugno 1942, quando la sua flotta aerea subì una sconfitta decisiva. La perdita di quattro portaerei e di numerosi piloti esperti durante questa battaglia segnò un punto di svolta, costringendo la marina giapponese a ritirarsi dall'isola di Guadalcanal, nelle Isole Salomone, a febbraio 1943.

La battaglia delle Midway fu un evento cruciale che instillò il dubbio tra i vertici della marina giapponese riguardo le prospettive di vittoria del Giappone nella guerra. Questa battaglia segnò un momento di riflessione, portando alla consapevolezza che il corso del conflitto stava volgendo al peggio. La situazione si aggravò ulteriormente dopo la sconfitta in battaglie successive e la perdita di Saipan nel 1944. Dopo varie vittorie in battaglie strategiche, i bombardieri statunitensi riuscirono a posizionarsi in prossimità di Tokyo, evidenziando una situazione sempre più precaria per il Giappone.

In risposta alle crescenti difficoltà belliche, fu presa la decisione di sostituire il gabinetto guidato da Tojo con quello di Koiso Kuniaki. Dopo aver assunto il potere, Koiso istituì un consiglio supremo per la conduzione della guerra, con l'intento di migliorare il collegamento tra l'alto comando militare e il gabinetto governativo. I funzionari statali, tuttavia, iniziavano già a nutrire seri dubbi sulla possibilità di vincere la guerra. Nonostante ciò, non esisteva un piano amministrativo adeguato che potesse rispondere efficacemente alle necessità del momento o che potesse eguagliare l'enorme prestigio accumulato dai militari, i quali si trovarono a fronteggiare una situazione ben oltre le loro capacità gestionali.

Comunicare ai cittadini giapponesi la prospettiva di una sconfitta imminente risultò particolarmente arduo, soprattutto considerando le aspettative di vittoria radicate nella popolazione, che aveva sopportato grandi sofferenze. Nel 1945, una serie di bombardamenti incendiari devastò le principali città giapponesi, risparmiando solo Tokyo. Nonostante la situazione disperata, i generali giapponesi mantennero ferme le loro convinzioni, decisi a continuare il conflitto. La loro speranza era che, ottenendo una vittoria decisiva o protraendo il conflitto fino a renderlo logorante per il nemico, avrebbero potuto negoziare un trattato che preservasse l'onore del Giappone piuttosto che accettare una capitolazione umiliante. Questa posizione rifletteva profondamente lo spirito giapponese dell'epoca, in cui l'onore era considerato supremo, preferendo una sconfitta onorevole all'umiliazione della resa, anche a costo di innumerevoli vite. La determinazione degli Alleati a ottenere una resa incondizionata del Giappone fungeva da ulteriore stimolo per i giapponesi a persistere nella lotta.

All'inizio del 1945, l'imperatore giapponese convocò una riunione con i vertici statali per decidere il futuro del paese in guerra. Mentre si cercava una direzione, gli Stati Uniti lanciarono l'assedio di Okinawa nell'aprile del 1945, evento che segnò la fine del governo di Koiso. Il suo successore, l'ammiraglio Suzuki Kantaro, si trovò di fronte a un compito senza precedenti. La sfida non era semplicemente concludere il conflitto, ma trovare il modo di farlo mantenendo l'onore. La strategia iniziale prevedeva di appellarsi alla Russia, con cui i rapporti si erano gradualmente distesi rispetto all'inizio della guerra, sperando che potesse fungere da intermediario con gli alleati per il Giappone.

La risposta sovietica fu posticipata a causa dell'impegno dei loro leader alla Conferenza di Potsdam, tenutasi nel luglio 1945. Questo evento portò comunque un barlume di speranza per il Giappone, in quanto la questione nipponica fu comunque discussa, culminando in una dichiarazione che assicurava: *"Il Giappone non sarà schiavizzato come razza, né distrutto come Nazione"*. Tuttavia, questa affermazione probabilmente non rispondeva pienamente alle aspettative giapponesi in quel momento critico.

Dopo l'annuncio, l'incapacità dei consiglieri militari giapponesi di valutare correttamente la situazione aveva portato il Paese a un punto di non ritorno. Nel tentativo di trovare una soluzione pacifica, i partecipanti alla conferenza proposero condizioni di resa che includevano il disarmo completo, la cessione di territori specificati e la creazione di un'amministrazione responsabile. Fu promessa la salvaguardia dell'integrità del Giappone, assicurando che il Paese non sarebbe stato né ridotto in schiavitù né smembrato. Tuttavia, fu chiarito che, in caso di rifiuto giapponese a una resa incondizionata, gli Stati Uniti avrebbero proseguito fino alla totale distruzione del Giappone.

Suzuki Kantaro, il Primo Ministro giapponese, rispose all'ultimatum con il termine "mokusatsu" durante una conferenza stampa. La traduzione e l'interpretazione di questa parola sollevarono numerose discussioni. È stato osservato che "mokusatsu", che in giapponese significa "no comment", potrebbe essere interpretato come un "rifiuto" o un "ignorare". Nei giorni successivi a tale dichiarazione, il Giappone non rilasciò ulteriori comunicazioni ufficiali.

Ed ecco che arrivarono i pesanti bombardamenti.

La Campagna del Giappone, iniziata nel 1944, prevedeva inizialmente raid aerei mirati e autorizzati dalle potenze alleate, focalizzati su obiettivi strategici sensibili. Con il progredire dell'anno, l'intensità degli attacchi si ampliò, includendo bombardamenti su città, impianti produttivi e infrastrutture critiche, con l'obiettivo esplicito di infliggere distruzione e seminare il caos, colpendo anche la popolazione civile. Se il Giappone aveva commesso alcuni dei peggiori crimini di guerra della storia dell'umanità (oltre a Pearl Harbor, ricordiamo le spietate campagne in Cina e in Corea) gli Stati Uniti risposero compiendo forse l'atto di guerra in assoluto peggiore che si possa fare contro un popolo nemico, ossia il lancio della bomba atomica.

Oltre a questi attacchi nucleari, vi furono altri bombardamenti su larga scala contro obiettivi civili in Giappone. Vediamo quindi i principali attacchi, bombe atomiche incluse:

- L'operazione Meetinghouse Raid su Tokyo del 9-10 marzo 1945, che uccise 100.000 civili giapponesi.

- Il bombardamento di Kobe tra il 16 e il 17 marzo 1945 e di nuovo il 5 giugno. Tragicamente, più di 8000 civili giapponesi morirono, soprattutto a causa degli incendi che divamparono in tutta la città.

- Il bombardamento di Kure del 24-28 luglio 1945 distrusse quasi tutte le grandi navi da guerra giapponesi rimaste, salvando solo la nave da guerra Nagato tra quelle più importanti.

- Il famigerato bombardamento atomico di Hiroshima, il 6 agosto 1945, uccise 90.000-140.000 persone, di cui si stima che 20.000 fossero combattenti giapponesi e, tragicamente, 20.000 erano lavoratori schiavi coreani che si trovavano nel posto sbagliato al momento sbagliato.

- L'altrettanto straziante bombardamento atomico di Nagasaki del 9 agosto 1945, che causò 39.000-80.000 morti (stime: 27.778 operai giapponesi addetti alle munizioni; 2.000 operai schiavi coreani, 150 combattenti giapponesi).

L'8 agosto, segnando un cambiamento decisivo nel corso del conflitto, l'Unione Sovietica annunciò formalmente il suo ingresso in guerra, avanzando in Manciuria il 9 agosto. L'esercito giapponese del Kwantung, superato in numero e in forze, non fu in grado di contrastare efficacemente l'offensiva. Nel tentativo di preservare un senso di autonomia dopo la resa, il governo giapponese si concentrò sulla salvaguardia delle istituzioni imperiali. L'accordo degli Alleati di tenere in considerazione i desideri del popolo giapponese portò infine all'annuncio dell'imperatore sulla decisione di arrendersi. La guerra nel Pacifico si concluse ufficialmente il 14 agosto 1945, con la resa formale del Giappone che avvenne il 2 settembre a bordo della corazzata *USS Missouri*, ancorata nella baia di Tokyo.

Uno sguardo al Giappone nell'immediato periodo postbellico

Il Giappone postbellico era l'ombra di ciò che era stato un tempo, una Nazione un tempo gloriosa ridotta a una vasta estensione di rovine. Quasi tutte le principali città, ad eccezione di Kyoto, avevano subito gravi danni, con le infrastrutture industriali e le reti di comunicazione quasi completamente distrutte. La guerra aveva lasciato anche una grave carestia, con la scarsità di cibo che avrebbe continuato a tormentare la popolazione per gli anni a venire. L'occupazione del Giappone da parte delle potenze alleate, tra cui Gran Bretagna, Stati Uniti e Unione Sovietica, iniziò nell'agosto 1945, segnando l'inizio di un lungo processo di ricostruzione e riforma che si sarebbe protratto fino all'aprile 1952. Il generale MacArthur assunse il ruolo di primo comandante supremo dell'occupazione, con gli Stati Uniti che giocarono un ruolo predominante nella supervisione dell'intera operazione.

In base ai termini del trattato di resa, il Giappone fu obbligato a rinunciare a tutti i territori conquistati a partire dal 1894. Ciò includeva l'annessione delle isole Curili da parte dell'URSS e il passaggio delle isole Ryukyu, inclusa Okinawa, sotto il controllo degli Stati Uniti. Le strutture e l'equipaggiamento militare giapponese furono inoltre smantellati. Seguendo immediatamente la resa del Giappone, oltre 500 ufficiali militari scelsero il suicidio. Durante i successivi processi per crimini di guerra, centinaia furono giudicati e molti condannati a morte. Tuttavia, l'imperatore Showa evitò di essere etichettato come "criminale di guerra".

Nel 1947, il Giappone adottò una nuova costituzione che segnò un profondo cambiamento nella struttura del potere del paese. L'imperatore fu privato di ogni titolo e potere sia militare che politico, riducendolo a un simbolo nominale dello Stato, in linea con il suo ruolo storico. La costituzione stabilì una netta separazione tra le pratiche religiose shintoiste e le funzioni governative. Fu inoltre introdotto il suffragio universale, assicurando il diritto di voto a tutti i cittadini, e fu enfatizzata la promessa di garantire i diritti umani per i civili, consolidando un impegno verso la democrazia e la giustizia sociale.

In base ai termini della resa al termine della Seconda Guerra Mondiale, al Giappone fu proibito di intraprendere nuove guerre o mantenere forze armate proprie. Il generale MacArthur, alla guida dell'occupazione alleata, mirava a smantellare le strutture di potere esistenti per democratizzare e modernizzare il paese. Ciò includeva lo scioglimento delle zaibatsu, i potenti conglomerati che dominavano l'economia giapponese, la limitazione dei poteri della polizia, la riduzione dell'influenza delle grandi aziende e l'istituzione di un sistema educativo decentralizzato. Le riforme si estesero anche alla distribuzione della terra, con lo scopo di eliminare i centri di potere legati alla proprietà fondiaria. In questo contesto, gli Stati Uniti sfruttarono la posizione di forza conseguita con i bombardamenti atomici per esercitare un'influenza significativa sulla ricostruzione del Giappone postbellico, tentando di "esportare" il proprio modello di società. Questo approccio degli Stati Uniti alla ristrutturazione post-conflitto si sarebbe ripetuto in altre parti del mondo nei decenni successivi, benché il caso giapponese rimanga uno degli esempi più evidenti di tale tendenza, e sicuramente uno dei "meno negativi" (se tralasciamo il "piccolo" dettaglio che questo avvenne dopo due bombardamenti atomici).

La prima parte dell'occupazione alleata ha sottoposto i media giapponesi a una rigida censura, soprattutto per quanto riguarda le dichiarazioni antiamericane o le questioni legate alla razza e ai pregiudizi.

La collaborazione tra il Giappone e le potenze alleate procedette senza intoppi fino a quando, nel contesto della Guerra Fredda, gli Stati Uniti non modificarono la loro strategia diventando più intransigenti, distaccati e centrati sui propri interessi. Questo cambiamento si tradusse in una rigida opposizione ai comunisti in Giappone, un aumento della presenza militare americana nel paese e la pressione sul Giappone affinché sviluppasse proprie forze di autodifesa, nonostante ciò contrastasse con il principio antimilitarista espresso nella nuova costituzione giapponese. Questa fase si concluse nel 1952 con l'entrata in vigore del Trattato di San Francisco, che segnò formalmente la fine dell'occupazione alleata e il ripristino della sovranità giapponese.

Nel 1954, il Giappone vide la nascita delle sue Forze di Autodifesa, evento che scatenò numerose manifestazioni pubbliche. Il sentimento di dissenso si intensificò ulteriormente con il rinnovo del trattato di sicurezza tra USA e Giappone nel 1960, causando disordini pubblici. Nonostante queste tensioni, l'economia giapponese conobbe un periodo di significativa crescita e rinascita successivamente alla guerra di Corea.

L'espansione economica del Giappone portò a un aumento significativo del tenore di vita e a trasformazioni profonde nella società. Durante questo periodo, il Partito Liberale Democratico (LDP) mantenne una solida presa sul potere politico. I rapporti internazionali del Giappone convissero significative evoluzioni:

nel 1956, il paese ristabilì legami con l'Unione Sovietica, e nel 1972 fece lo stesso con la Cina. La crisi petrolifera del 1973 ebbe un impatto marcato sull'economia giapponese, fortemente dipendente dalle importazioni di petrolio. La risposta a questa crisi fu un orientamento strategico verso l'industria ad alta tecnologia, che portò a un vero e proprio boom economico e culturale. Il Giappone si specializzò nella produzione di beni ad alto valore aggiunto, come automobili, elettronica, informatica e robotica, creando un circolo virtuoso di crescita economica che proiettò il paese verso un'era di prosperità, particolarmente evidente negli anni '80 e '90.

Questo periodo di espansione non solo rafforzò l'economia giapponese ma influenzò anche la sua cultura, rendendo il Giappone un punto di riferimento globale in numerosi campi. Nei capitoli successivi, esploreremo più dettagliatamente gli sviluppi avvenuti durante i periodi Heisei e Reiwa, analizzando come questi cambiamenti abbiano plasmato il Giappone contemporaneo e le sue relazioni economiche e politiche sul palcoscenico internazionale.

Riassunto del capitolo

- Alla fine di giugno del 1942, la guerra del Pacifico raggiunse il culmine decisivo con la battaglia di Midway. In seguito a questa battaglia, gli Alleati iniziarono la procedura di riconquista di tutte le colonie che il Giappone aveva annesso.
- Il Giappone iniziò a subire frequenti e intensi attacchi aerei nel 1944. Nella primavera del 1945, gli Stati Uniti attaccarono Okinawa e la conquistarono.
- Il 27 luglio 1945, gli Alleati emisero la Dichiarazione di Potsdam, in cui chiedevano al Giappone la resa incondizionata, pena l'ulteriore annientamento. Il Giappone non rispose.
- Gli Alleati iniziarono la Campagna del Giappone, un'offensiva incentrata sull'intenso bombardamento delle principali città e aree industriali giapponesi.
- Gli Stati Uniti fanno esplodere le armi atomiche su Hiroshima (6 e 9 agosto) e Nagasaki (9 agosto).
- Il 14 agosto, l'imperatore Showa decise di arrendersi.
- L'occupazione postbellica iniziò nell'agosto 1945 e si protrasse fino al 1952.

Capitolo 6: Il boom economico del dopoguerra e il periodo Heisei

Il 14 agosto 1945 il Giappone si arrese incondizionatamente alle potenze alleate, ponendo fine alla Seconda Guerra Mondiale. Con l'accettazione della Dichiarazione di Potsdam da parte dell'amministrazione giapponese, la resa divenne effettiva. La data divenne nota come Giorno della Vittoria sul Giappone o V-J Day (dove "V-J" sta per "Victory over Japan"). Questa data segnò anche l'inizio del lungo e affascinante cammino del Giappone verso la ripresa, che più che ripresa fu una vera e propria rinascita dalle proprie ceneri per diventare qualcosa di davvero unico.

Dopo la resa del Giappone nella Seconda Guerra Mondiale, il generale Douglas MacArthur fu nominato Comandante Supremo delle Potenze Alleate (SCAP) dal presidente Harry Truman. Sebbene inizialmente si considerasse la possibilità di dividere il Giappone tra gli Alleati, analogamente a quanto accaduto in Germania, alla fine si decise diversamente. I territori periferici furono assegnati alle forze alleate, ma l'autorità principale sulle quattro maggiori isole giapponesi – Honshu, Hokkaido, Shikoku e Kyushu – fu affidata allo SCAP.

Il 6 settembre, il presidente Harry S. Truman approvò la "Politica iniziale degli Stati Uniti per il Giappone dopo la resa", stabilendo due obiettivi fondamentali per l'occupazione: l'eliminazione delle capacità militari giapponesi e la trasformazione del Giappone in una nazione finanziariamente e politicamente stabile, alleata degli Stati Uniti. Per garantire il controllo sul territorio, le forze alleate, prevalentemente statunitensi, furono stanziate in Giappone.

Nonostante a MacArthur fosse consigliato di consultare un consiglio alleato, egli raramente seguì tale indicazione.

Nel contesto giapponese, anche dopo che l'Imperatore rinunciò ai suoi poteri divini come imposto dai termini del trattato, sia il sistema statale shintoista sia il trono imperiale furono preservati, mantenendo inalterata la struttura istituzionale tradizionale del paese.

Imperatore Hirohito

L'accettazione inequivocabile dei termini di resa da parte dell'imperatore Hirohito potrebbe avere a che fare con l'invasione sovietica, che fu il colpo di grazia all'ultima speranza di Hirohito di ottenere un accordo di pace negoziabile.

La "Trasmissione della Voce del Gioiello" fu il discorso con cui l'Imperatore Hirohito annunciò la resa del Giappone nella Seconda Guerra Mondiale, il 15 agosto 1945. Utilizzando un linguaggio elevato e formale, difficile da comprendere per molti giapponesi dell'epoca, Hirohito non menzionò mai direttamente la "resa" o la "sconfitta", ma annunciò la fine delle ostilità e la necessità di ricostruire. La significatività del discorso stava tanto nelle parole scelte quanto nelle omissioni, marcando un momento di transizione profonda per il Giappone senza sminuire esplicitamente l'onore della Nazione o dell'Imperatore.

Il nuovo obiettivo nazionale del Giappone, dopo la Seconda Guerra Mondiale, si distanziava notevolmente dall'ideologia Kodo, che enfatizzava la supremazia dello Stato sul singolo e favoriva l'espansione imperialista. Tale ideologia, dominante sia nell'amministrazione che nel sistema educativo sotto Hirohito, permeava l'intera società giapponese prima del conflitto. In contrasto, la nuova direzione promuoveva il benessere e la prosperità universali, oltre alla sicurezza dei cittadini di ogni nazione.

Poche settimane dopo la sconfitta del Giappone nella Seconda Guerra Mondiale, l'imperatore Hirohito firmò una nuova costituzione scritta da avvocati americani che lo relegava al rango di mera figura simbolica. Per il resto della sua vita, pianse pubblicamente sia Hiroshima che Nagasaki, che visitò nel 1947. Di conseguenza, espresse un notevole rimorso per le sue azioni durante il conflitto. Nel 1971 ha dichiarato di aver parlato di dolore personale per alcuni aspetti della guerra.

Dopo la Seconda Guerra Mondiale, liberato da molte delle responsabilità precedentemente detenute, l'Imperatore Hirohito divenne notevolmente più accessibile rispetto ai suoi predecessori, partecipando frequentemente ad eventi pubblici e condividendo aspetti della sua vita personale. Nel 1975, rese omaggio alla tomba dei Militi Ignoti negli Stati Uniti. Per tutta la vita, mantenne un vivo interesse per la biologia marina, dedicandosi anche alla ricerca sul campo. Alla sua morte, nel 1989, gli succedette il figlio Akihito. In Giappone, Hirohito è commemorato come "Showa", un nome che evoca l'era del suo regno.

Sviluppi Postbellici

Subito dopo la loro vittoria, le potenze alleate attuarono importanti riforme in Giappone, tra cui la redistribuzione dei terreni agricoli dai proprietari terrieri agli affittuari e il sostegno alla formazione di sindacati. Queste misure si affiancarono ad altri obiettivi cruciali come il disarmo, la demilitarizzazione e il decentramento dell'amministrazione e della società giapponese. Tra il 1945 e il 1952, durante l'occupazione alleata, furono introdotte significative riforme politiche e sociali nel paese.

Il generale Douglas MacArthur, in qualità di Comandante Supremo delle Potenze Alleate, assunse di fatto il ruolo di leader del Giappone, giocando un ruolo fondamentale nell'introduzione di riforme, molte delle quali ispirate al New Deal degli anni '30 negli Stati Uniti. Tra le azioni intraprese durante l'occupazione giapponese vi fu lo smantellamento delle influenti zaibatsu, la riallocazione delle terre agricole ai contadini affittuari e il sostegno al lavoro organizzato, tutte misure finalizzate a redistribuire il potere all'interno del paese. Già negli anni '50 il Giappone assomigliava tantissimo ad una "forma orientale di un paese occidentale", cosa che poi si acuì nei decenni successivi.

Le zaibatsu furono sciolte o significativamente limitate perché gli esperti economici dello SCAP e coloro che erano incaricati di riformare l'economia giapponese consideravano il controllo del territorio da parte di poche grandi aziende come un ostacolo alla democrazia. Questa concentrazione di potere economico favoriva l'influenza diretta di questi grandi gruppi nelle politiche statali, creando il rischio di instaurare un'oligarchia elitaria.

Il New Deal, modello al quale il Giappone fu incoraggiato a ispirarsi dagli Stati Uniti durante il periodo di occupazione postbellica, fu un insieme rivoluzionario di politiche economiche e sociali introdotte dal presidente Franklin D. Roosevelt tra il 1933 e il 1939, nel tentativo di risollevare gli Stati Uniti dalla Grande Depressione. Queste misure includevano un'ampia gamma di iniziative federali, tra cui progetti di lavori pubblici, riforme nel sistema bancario e finanziario, nonché leggi per sostenere agricoltori, disoccupati, giovani e anziani.

Per esempio, il Civilian Conservation Corps (CCC) fornì lavoro a centinaia di migliaia di giovani uomini nella conservazione del territorio e nella riforestazione. Il Tennessee Valley Authority (TVA) fu creato per controllare le inondazioni, produrre energia elettrica e migliorare le condizioni di vita nelle zone rurali del Tennessee. Sul fronte finanziario, il Glass-Steagall Act introdusse regolamenti più severi per le banche, compresa la creazione della Federal Deposit Insurance Corporation (FDIC) per garantire i depositi bancari dei cittadini.

Influenzato da queste politiche, il Giappone post-Seconda guerra mondiale adottò riforme simili per democratizzare la propria economia e società, smantellando le zaibatsu, redistribuendo la terra e promuovendo il lavoro organizzato, seguendo il principio di una maggiore regolamentazione e protezione sociale che erano stati pilastri del New Deal. Questo approccio mirava a creare un Giappone più equo e stabile, con un'economia diversificata che non fosse dominata da pochi conglomerati e che potesse garantire il benessere dei suoi cittadini.

Cambiamenti economici

Nel periodo immediatamente successivo alla Seconda Guerra Mondiale, l'economia giapponese si trovò ad affrontare sfide monumentali. Le devastazioni infrastrutturali e militari si sommavano al grave problema delle vittime civili, creando uno scenario di profonda difficoltà. Nel 1949, Joseph Dodge introdusse un rigido programma di austerità per rispondere a questa crisi, riuscendo a estinguere l'inflazione che attanagliava il paese. Sebbene possa sembrare paradossale, data l'immensa sofferenza causata in Corea, il conflitto coreano del 1950-53 si rivelò una circostanza fortuita per l'economia giapponese. Il Giappone divenne il fornitore principale di materiali bellici per le forze armate coinvolte nel conflitto coreano, stimolando così la propria economia.

Parallelamente, il governo giapponese avviò una politica di stretta collaborazione con il settore privato, cercando di stimolare la ripresa economica e la modernizzazione industriale. Un'altra sfida importante fu il risanamento delle compagnie assicurative private, che avevano subito gravi perdite non solo a causa degli eventi bellici ma anche per catastrofi precedenti, come il terremoto del Kanto del 1923 e la Grande Depressione degli anni '30. Questi sforzi di ricostruzione e riforma economica furono fondamentali per gettare le basi della successiva rapida crescita economica del Giappone, segnando l'inizio della sua trasformazione in una delle maggiori potenze economiche mondiali.

Il piano di Austerity

Joseph Dodge, economista americano, ideò la Linea Dodge o Piano Dodge, una strategia di restrizione fiscale e politica per il Giappone dopo la Seconda Guerra Mondiale, al fine di aiutare il Paese a raggiungere l'indipendenza economica ed eliminare l'inflazione. Il 7 marzo 1949 fu reso pubblico.

Per affrontare l'inflazione e ristabilire l'economia giapponese, Joseph Dodge implementò una serie di misure incisive. Tra queste, il raggiungimento dell'equilibrio del bilancio nazionale, l'ottimizzazione della riscossione delle imposte, la liquidazione della Reconstruction Finance Bank, criticata per i suoi prestiti inefficienti e contrari ai principi economici, e la diminuzione dell'intervento governativo nell'economia. Un altro punto fondamentale fu la fissazione del tasso di cambio a 360 yen per un dollaro statunitense, una mossa strategica per stabilizzare l'economia.

Dodge ottenne successi notevoli anche nel ristabilire il controllo del Giappone sul proprio commercio internazionale, adottando il tasso di cambio ufficiale di 360 yen per dollaro in tutte le transazioni. Il cosiddetto Piano Dodge si rivelò determinante nel contenere l'inflazione, favorire la ripresa di un'economia di mercato e reintegrare il Giappone nel sistema commerciale globale.

È importante riconoscere che, nonostante un'ampia influenza statunitense, il Giappone mantenne una certa autonomia nella ricostruzione postbellica, evitando di adottare in modo indiscriminato il modello americano in ogni aspetto. Per quanto riguarda il welfare e il sostegno sociale, il Giappone adottò un approccio più ibrido. Il governo assunse un ruolo centrale nel sistema assicurativo nazionale, offrendo protezione contro problemi di salute, infortuni, disoccupazione e altre necessità assicurative, estendendo inoltre la copertura della sicurezza sociale agli anziani. Questa trasformazione rese il Giappone simile, in alcuni aspetti, ai modelli di stato sociale vigenti in Scandinavia.

La filosofia sottostante a queste riforme si basava sulla promozione di una cultura di responsabilità sociale, radicata nei valori tradizionali giapponesi. Questo approccio rifletteva la volontà del Giappone di preservare la propria identità culturale e sociale, pur integrando aspetti del modello assistenziale occidentale che potessero contribuire positivamente al benessere della Nazione nel contesto della nuova realtà economica e sociale postbellica.

La decisione del Giappone di gestire attivamente il welfare universale si rivelò strategica per la sua crescita economica, contribuendo a trasformarlo in una delle economie più prospere e in rapida espansione del mondo. Dopo anni da quelle scelte, è possibile osservare come i problemi di disparità sociale, che negli Stati Uniti sono esacerbati da un sistema di welfare meno esteso, siano meno pronunciati in Giappone e, similmente, in molti paesi europei. Ciò non implica che la società giapponese sia esente da criticità; infatti, presenta diverse questioni sociali (alcune sono molto serie) che, tuttavia, originano da cause diverse e richiederebbero un'indagine di natura più sociologica che storica per essere pienamente comprese.

Nel 1949, sotto il governo di Yoshida, fu creato il Ministero del Commercio Internazionale e dell'Industria (MITI) con l'obiettivo di stimolare la crescita economica facilitando la collaborazione tra il governo e le grandi imprese. Il MITI giocò un ruolo cruciale nel promuovere l'industria pesante e manifatturiera, nonché nell'incoraggiare le esportazioni. Il notevole successo economico del Giappone nel periodo postbellico si deve in larga parte all'integrazione tra l'avanzata tecnologia occidentale e l'etica lavorativa giapponese, caratterizzata da un forte impegno e dedizione (nonché fonte di stress e problemi sociali, quelli di cui ho accennato brevemente nel paragrafo sopra).

Il rapporto privilegiato con gli Stati Uniti ha offerto al Giappone condizioni economiche favorevoli, come l'accesso preferenziale al mercato americano grazie all'eliminazione di barriere tariffarie, favorendo l'esportazione di prodotti giapponesi. Pensate ad esempio alle automobili, dove ancora oggi notiamo, semplicemente passeggiando in qualsiasi città americana, che una buona parte di esse sono giapponesi.

Le imprese giapponesi hanno costruito un modello di gestione del personale basato sull'impiego a vita, che ha contribuito a mantenere una forza lavoro altamente qualificata e motivata, garantendo sicurezza lavorativa e promuovendo la lealtà aziendale. Questi elementi hanno giocato un ruolo fondamentale nel consolidare la posizione del Giappone come una delle maggiori economie globali, dimostrando l'efficacia di un modello economico che equilibra innovazione tecnologica e valori tradizionali.

Un fattore fondamentale, spesso trascurato, nel progresso economico del Giappone è stata la dedizione del suo popolo a ricostruire il paese dalle rovine e portarlo a un livello di prestigio internazionale. La volontà collettiva e il desiderio di cambiamento progressivo rappresentano il più grande vantaggio per una nazione: il sostegno del proprio popolo.

Questa determinazione non è una novità nella storia giapponese ma risale alla Restaurazione Meiji, momento in cui nacque un profondo senso di orgoglio nazionale. Questo spirito ambizioso ha spinto il Giappone, inizialmente verso la ricerca di conflitti, e successivamente, in una direzione più costruttiva, verso lo sviluppo congiunto della società. La chiave sta nell'indirizzare queste potenti energie: se in maniera negativa, attraverso conflitti e dominio sugli altri, o in modo positivo, mirando al miglioramento continuo.

Nonostante le critiche che si possano muovere al Giappone, sia per il suo passato che per il presente, una delle sue maggiori forze è la capacità di apprendere dalla storia e dagli errori passati. Questo aspetto, a mio parere, lo distingue come uno dei migliori al mondo in questo ambito, mostrando una maturità che talvolta sembra mancare anche nelle civiltà occidentali più avanzate.

Le relazioni internazionali del Giappone conobbero un significativo miglioramento nel periodo post-Seconda guerra mondiale. Per la prima volta dal termine del conflitto, il Giappone e gli Stati Uniti instaurarono relazioni diplomatiche. Nonostante la fine dell'occupazione americana nel 1952, alcune delle isole Ryukyu, inclusa Okinawa, rimasero sotto l'amministrazione statunitense, fino alla loro restituzione al Giappone nel 1972. Durante il periodo dell'immediato dopoguerra, l'attenzione del Giappone fu rivolta al recupero delle sue capacità industriali, devastate dalla guerra. Le zaibatsu, che nonostante le restrizioni comunque sopravvissero, seppur in maniera più controllata rispetto a prima, influenzarono profondamente sia la politica nazionale che quella internazionale. Gli sforzi di ricostruzione industriale degli anni Cinquanta portarono la produzione industriale giapponese ai livelli prebellici, segnando l'inizio di una fase di rapido sviluppo economico.

Con la riduzione dell'influenza militare sul governo, l'economia giapponese non solo riuscì a riprendere il ritmo di crescita interrotto dalla guerra, ma riuscì anche a superare le fasi precedenti di espansione economica. Tra il 1953 e il 1965, il settore della produzione manifatturiera e mineraria registrò una crescita del 13%, quello dell'edilizia dell'11%, e le infrastrutture migliorarono del 12%. Entro il 1965, queste aree industriali costituivano quasi il 41% dell'occupazione totale nel paese, con l'agricoltura che ne rappresentava il 26%. La transizione alla vita civile di molti ex militari contribuì significativamente alla ricostruzione del Giappone, fornendo una forza lavoro qualificata e determinata a supportare il rinascimento economico del paese.

La Seconda Guerra Mondiale causò la distruzione di oltre un terzo delle risorse industriali e dei servizi del Giappone, facendo crollare la produzione ai livelli registrati 15 anni prima del conflitto. Durante il periodo di occupazione, gli Stati Uniti fornirono al Giappone aiuti per un totale di circa 1,9 miliardi di dollari, equivalenti a circa il 15% delle importazioni totali del paese e al 4% del suo Prodotto Interno Lordo (PIL). La maggior parte di questi aiuti fu destinata all'acquisto di cibo, mentre il 15% fu utilizzato per l'acquisto di beni industriali e il 12% per i trasporti, contribuendo significativamente alla ripresa economica del Giappone nel dopoguerra.

Il Giappone ha implementato un modello economico incentrato sulle economie di scala, beneficiando di riduzioni proporzionali dei costi man mano che la produzione aumentava. Questo meccanismo ha permesso di abbassare i costi unitari attraverso l'incremento dei volumi produttivi. Fattori come la concentrazione geografica delle imprese, l'espansione economica a livello nazionale e l'aumento della produzione per singola azienda hanno favorito lo sviluppo di economie di scala. Inoltre, man mano che la produzione e la domanda crescevano, le imprese avanzavano lungo la cosiddetta "curva di apprendimento", ottenendo una riduzione dei costi unitari grazie all'accumulo di esperienza e all'efficienza produttiva.

La produttività totale dei fattori in Giappone ha visto un notevole incremento grazie alla capacità della società di adottare, adattare e talvolta migliorare le tecnologie straniere, utilizzandole come fondamento per innovazioni e brevetti originali giapponesi. È importante riconoscere che il Giappone è uno dei principali produttori di brevetti a livello globale, sfatando lo stereotipo che lo vede semplicemente come imitatore delle innovazioni occidentali. Il paese si è affermato come leader in numerosi settori tecnologici, tra cui l'industria automobilistica, la robotica, i trasporti ferroviari (con il lancio del primo treno ad alta velocità, lo Shinkansen, nel 1959), la domotica, la fotografia, l'informatica e l'utensileria industriale. Anche la sanità e la ricerca scientifica hanno fatto passi da gigante, diventando uno dei punti di riferimento su scala globale.

L'investimento nell'istruzione ha giocato un ruolo cruciale anche nel migliorare le competenze sociali e relazionali, specialmente in un contesto di crescente interazione internazionale. La creazione di mercati del lavoro ben integrati, che facilitano la connessione tra imprese e lavoratori, ha incentivato l'adattabilità dei lavoratori di fronte alle nuove tecnologie, rafforzando ulteriormente le competenze sociali complessive.

Invece di concentrarsi sulle capacità sociali del governo, la strategia industriale giapponese ha puntato a minimizzare i costi di acquisizione delle tecnologie straniere per le imprese private, promuovendo un ambiente favorevole all'innovazione e allo sviluppo tecnologico.

Un fattore chiave nella crescita economica del Giappone postbellico fu la transizione da un'economia basata sull'agricoltura, caratterizzata da bassi livelli di produttività, verso settori ad alta produttività come l'industria manifatturiera, l'estrazione mineraria e l'edilizia. Durante l'occupazione statunitense, furono implementate diverse politiche, tra cui significative riforme agrarie, che stimolarono la concorrenza economica e contribuirono a dinamizzare l'economia nazionale.

Queste riforme permisero un incremento rapido delle esportazioni, in grado di coprire i costi delle attrezzature e delle tecnologie importate, sostenendo così l'espansione economica del paese. L'adozione di macchinari all'avanguardia nelle nuove fabbriche fornì al Giappone un vantaggio competitivo iniziale, posizionandolo come leader nel panorama industriale globale e facilitando il suo percorso verso la trasformazione in una delle maggiori economie mondiali.

L'economia giapponese ha svolto un ruolo cruciale nel successo del paese, grazie anche al contributo significativo delle piccole e medie imprese che occupavano la maggior parte della forza lavoro. Parallelamente, le grandi aziende rappresentavano le entità più redditizie del panorama economico. Nel corso del tempo, molte aziende industriali hanno intrapreso processi di fusione per formare società più grandi ed efficienti, segnando il passaggio dalle zaibatsu tradizionali alle keiretsu, ovvero grandi conglomerati industriali moderni che hanno giocato un ruolo fondamentale nell'economia giapponese. Esempi notevoli di keiretsu includono colossi come Mitsubishi e Toyota, pilastri dell'industria giapponese contemporanea.

Il consolidamento dei piccoli fornitori sotto l'ombrello delle keiretsu e la sincronizzazione delle attività operative all'interno di questi gruppi hanno notevolmente incrementato l'efficienza operativa, provate solo ad immaginare che tipo di indotto possa generare, ad esempio, un'azienda come la Mitsubishi, leader nei settori automobilistico, bancario, finanziario e produttivo. Ognuna di queste singole realtà poteva, senza esagerare, dar da mangiare a milioni di persone nel Paese. Questa struttura ha permesso una gestione più integrata della catena di approvvigionamento e della produzione, contribuendo significativamente alla competitività internazionale delle aziende giapponesi e al successo economico del paese nel suo complesso.

La trasformazione della forza lavoro giapponese ha avuto un ruolo fondamentale nello sviluppo economico del paese. Durante e immediatamente dopo la Seconda Guerra Mondiale, un numero significativo di lavoratori agricoli è stato reindirizzato verso l'industria moderna, contribuendo così ad un incremento della produttività industriale. Negli anni '60, in concomitanza con il rallentamento della crescita demografica e l'accelerazione dell'urbanizzazione, i salari hanno registrato un notevole aumento, riflettendo l'entrata del Giappone in un periodo di prosperità economica e miglioramento delle condizioni di vita.

Questi cambiamenti hanno portato il Giappone verso decenni di boom economico e di elevamento della qualità della vita, con la società che progressivamente abbracciava uno stile di vita consumistico, avvicinandosi e in alcuni aspetti superando le realtà occidentali. L'evoluzione verso una società più orientata al consumo ha marcato un significativo distacco dalle tradizioni precedenti, posizionando il Giappone come un punto di riferimento globale per lo sviluppo economico e il benessere sociale.

Prospettiva Globale

L'8 settembre 1951 il Giappone firmò il Trattato di pace di San Francisco, che significava la fine del periodo di occupazione alleata in Giappone. Il trattato entrò in vigore il 28 aprile 1952, ispirandosi fortemente alla Dichiarazione universale dei diritti dell'uomo e alla Carta delle Nazioni Unite. L'obiettivo principale era quello di dare al Giappone la sua indipendenza, pur mantenendo gli obiettivi alleati. Il Giappone fu così dichiarato alleato degli Stati Uniti e Stato indipendente a tutti gli effetti. Altre disposizioni del trattato includevano il risarcimento dei civili e degli ex prigionieri di guerra degli Stati alleati che avevano sofferto a causa della guerra e il ripristino della sovranità giapponese.

Il Trattato di San Francisco mirava a stabilire una nuova base per le relazioni tra il Giappone e gli Stati Uniti, proponendosi di riconoscere al Giappone una posizione di uguaglianza sul piano internazionale. Tuttavia, la parità ottenuta fu in gran parte nominale, poiché numerose basi militari statunitensi continuarono a essere presenti sul suolo giapponese. Con il passare del tempo e il rafforzamento della fiducia nazionale, crebbe in Giappone il desiderio di una maggiore indipendenza dalle influenze e interferenze degli Stati Uniti. Questa aspirazione divenne particolarmente evidente negli anni '50 e '60, quando in Giappone si diffuse un crescente disappunto per la presenza di basi militari americane sulle sue quattro isole principali e a Okinawa.

In risposta a questa crescente insoddisfazione, e come gesto di riconoscimento verso il desiderio giapponese di maggiore autonomia, gli Stati Uniti decisero di restituire al Giappone le isole Amami, parte dell'arcipelago delle Ryukyu settentrionali.

Il Trattato di San Francisco non prevedeva la restituzione di Okinawa al Giappone; l'articolo 3 stabiliva infatti che l'isola sarebbe rimasta sotto amministrazione militare statunitense a tempo indeterminato. Questa disposizione suscitò un'ampia agitazione popolare, culminata nel 1956 con l'adozione unanime di una risoluzione legislativa che sollecitava il ritorno di Okinawa sotto la sovranità giapponese. Dopo un'estesa fase di negoziati, durata oltre diciotto mesi, Giappone e Stati Uniti raggiunsero un accordo per il trasferimento di Okinawa al Giappone, effettuato nel 1972.

Nel 1971, il Giappone si trovò di fronte a una serie di sfide impreviste. Una delle mosse più sorprendenti fu la decisione del presidente Nixon di visitare la Repubblica Popolare Cinese, segnando un significativo cambiamento nella politica estera degli Stati Uniti senza previa consultazione con il Giappone, suo stretto alleato. La sorpresa per il Giappone continuò quando l'amministrazione statunitense annunciò un'improvvisa imposizione del 10% sulle importazioni, misura che non era stata concordata con il governo giapponese. Questo aumento dei dazi avrebbe avuto un impatto negativo sulle esportazioni giapponesi verso gli Stati Uniti, ostacolando il flusso di prodotti giapponesi nel mercato americano.

A complicare ulteriormente la situazione, il Giappone dovette affrontare una crisi monetaria interna legata alla rivalutazione dello yen. Questa serie di eventi mise il Giappone sotto una pressione significativa, costringendo il paese a navigare in un contesto internazionale e finanziario estremamente complesso e in rapido cambiamento.

Durante gli anni '80, nell'era Heisei, si aprì un nuovo capitolo di cooperazione tra il Giappone e gli Stati Uniti. Il Primo Ministro

Yasuhiro Nakasone e il Presidente Ronald Reagan instaurarono una relazione particolarmente stretta e produttiva. Nakasone fu efficace nel rafforzare il legame tra i due paesi, convincendo gli Stati Uniti della necessità di adottare una posizione ferma contro le strategie dell'URSS. Inoltre, promosse una collaborazione intensa con gli Stati Uniti su questioni delicate come la situazione nella penisola coreana e nel sud-est asiatico. Nakasone giocò anche un ruolo chiave nel sostenere e contribuire allo sviluppo della politica degli Stati Uniti nei confronti della Cina, dimostrando la capacità del Giappone di essere un alleato strategico affidabile e influente sullo scenario internazionale.

Il governo giapponese appoggiò l'incremento della presenza militare statunitense sia in Giappone che nell'area del Pacifico occidentale, rafforzando la propria alleanza con gli Stati Uniti contro l'Unione Sovietica durante un periodo di marcata tensione dovuta alle ambizioni espansionistiche sovietiche. Nonostante alcune riserve espresse da diplomatici e uomini d'affari giapponesi riguardo alle politiche statunitensi verso la Cina e l'Indocina, l'amministrazione giapponese proseguì nel suo sostegno alle strategie americane. Il Giappone decise di posticipare contributi significativi di assistenza fino a che le situazioni in Indocina e in Cina non si allineassero meglio con gli interessi strategici condivisi da Giappone e Stati Uniti, dimostrando un impegno a lungo termine verso la partnership con gli USA e una visione strategica nell'ambito della politica estera e di sicurezza.

Un sodalizio quasi incrinato per colpa del petrolio

La politica giapponese di stretta collaborazione con gli Stati Uniti, incentrata sulla reciprocità e sull'autonomia in materia di sicurezza, fu seriamente sfidata nel 1979 con l'assedio dell'ambasciata statunitense a Teheran da parte di radicali iraniani, che portò alla cattura di 60 ostaggi americani. Nonostante il Giappone riconoscesse l'evento come una violazione del diritto internazionale, le imprese commerciali e le compagnie petrolifere giapponesi approfittarono dell'opportunità di acquistare petrolio iraniano, reso disponibile a prezzi molto vantaggiosi a seguito delle sanzioni statunitensi contro l'Iran. Questa azione suscitò la condanna del governo statunitense, che vide nel comportamento giapponese un segno di insensibilità verso le conseguenze diplomatiche subite dagli USA.

In risposta alle critiche e per riaffermare il suo impegno verso le politiche internazionali degli Stati Uniti, il Giappone presentò le proprie scuse e si adoperò per allinearsi alle iniziative americane volte a garantire la stabilità globale e favorire la prosperità comune. In seguito all'invasione sovietica dell'Afghanistan, avvenuta anch'essa nel 1979, il Giappone mostrò prontezza ed efficacia nell'adesione alle sanzioni imposte alla Russia. Nel 1981, riconoscendo l'importanza di un maggiore contributo alla sicurezza collettiva, il Giappone assunse un ruolo più attivo nella strategia difensiva marittima e incrementò il suo sostegno alle forze statunitensi presenti sul proprio territorio, dimostrando una volta di più la solidità e la profondità dell'alleanza giapponese-americana.

Il periodo Heisei

Akihito è salito al trono come imperatore del Giappone il 7 gennaio 1989, succedendo a suo padre, l'imperatore Hirohito. Il suo regno è stato denominato "Heisei", che si traduce in "raggiungere la pace", segnando una fase di transizione rispetto all'energia e alla dinamicità del precedente periodo Showa, caratterizzato da una veloce ripresa postbellica e da un'ascesa economica impressionante. Nonostante gli inizi più tranquilli del periodo Heisei, questi anni hanno visto il Giappone consolidarsi non solo economicamente ma anche culturalmente nel panorama globale.

Le aziende giapponesi, leader in settori chiave come l'automobilistico, la robotica e l'elettronica, sono diventate pilastri dell'economia mondiale. Tuttavia, è stato l'impatto culturale del Giappone a catturare l'immaginazione globale in modo particolare. Anime, manga e videogiochi giapponesi hanno generato un vero e proprio boom culturale, rendendo il Giappone una fonte di fascino e ispirazione per milioni di persone in tutto il mondo. Anche il turismo ha registrato un incremento significativo, con il Giappone che è diventato una destinazione ambita per viaggiatori interessati a esplorare la sua ricca cultura e tradizione.

In sintesi, durante il periodo Heisei, il Giappone ha esercitato un'influenza profonda e duratura su scala globale, affascinando e stupendo il mondo attraverso i suoi contributi sia economici che culturali.

L'era Heisei si caratterizzò per una notevole instabilità politica, evidenziata dal passaggio di oltre 15 Primi Ministri nei suoi primi 24 anni. Questo periodo fu inoltre segnato da un prolungato rallentamento economico e da ripetute crisi fiscali, che insieme contribuirono a creare un clima di incertezza. A tali sfide economiche e politiche si aggiunsero gravi calamità. Nel 1995, il Giappone fu scosso dal terremoto di Kobe e da un attacco terroristico con gas nervino nella metropolitana di Tokyo, perpetrato dalla setta AUM Shinrikyo, eventi che gettarono un'ombra sui primi anni dell'era Heisei.

La situazione divenne ancor più critica nel 2011, quando il paese fu colpito da uno dei peggiori disastri naturali della sua storia: un massiccio terremoto seguito da uno tsunami devastante che colpì la regione nord-orientale di Honshu, provocando la catastrofe nucleare di Fukushima. Questi eventi catastrofici non solo causarono perdite umane e danni materiali ingenti, ma ebbero anche profonde ripercussioni sulla società giapponese, sulla politica energetica del paese e sulla sua percezione a livello internazionale, segnando profondamente l'era Heisei.

Il terremoto e lo tsunami del Tohoku; e il conseguente incidente nucleare di Fukushima

Il terremoto del 2011 in Giappone, noto come il Grande Terremoto dell'Est del Giappone o Terremoto del Tohoku, rappresenta uno degli eventi sismici più devastanti nella storia recente. Con una magnitudo di 9.0, ha causato distruzione su vasta scala, non solo attraverso il sisma in sé, ma anche per lo tsunami che ha seguito. Le onde dello tsunami, alte fino a 40,5 metri, hanno colpito aree costiere come Miyako nella prefettura di Iwate e hanno viaggiato a velocità estreme fino a 10 chilometri nell'entroterra, in particolare nella regione di Sendai. La rapidità dell'evento ha lasciato poco tempo per evacuare, con conseguenze tragiche in termini di vite umane e danni materiali.

La città di Ishinomaki, che ha registrato il maggior numero di vittime, affrontava temperature di 0°C al momento del disastro, complicando ulteriormente gli sforzi di soccorso a causa delle nevicate e delle rigide temperature. Le cifre ufficiali del 2021 parlano di 19.747 morti, 6.242 feriti e 2.556 dispersi, mentre molti sopravvissuti hanno continuato a vivere lontano dalle loro case originarie, in alloggi temporanei o dopo aver effettuato trasferimenti permanenti.

Il danno che però ha causato più preoccupazione su scala globale, vista la pericolosità, è un altro. L'evento ha infatti causato la catastrofe nucleare di Fukushima, con il fallimento dei sistemi di raffreddamento di tre reattori della centrale di Fukushima Daiichi, portando a fusioni nucleari e significative emissioni di radiazioni. Questo ha richiesto l'evacuazione di circa 150.000 persone e ha sollevato interrogativi globali sulla sicurezza dell'energia nucleare. È stato l'unico incidente, insieme a quello di Chernobyl, ad essere stato classificato su scala 7 nella tabella dei valori riguardante la gravità degli incidenti nucleari.

Dopo l'incidente, la situazione a Fukushima e nei dintorni ha richiesto interventi intensivi di decontaminazione e gestione delle conseguenze a lungo termine. Negli anni successivi alla catastrofe, il governo giapponese, insieme a TEPCO (Tokyo Electric Power Company), l'operatore della centrale, ha intrapreso significative operazioni di bonifica e decontaminazione nell'area circostante, oltre a stabilire e aggiornare periodicamente le zone di evacuazione.

Uno degli aspetti più critici della gestione post-disastro è stato il trattamento dell'acqua contaminata accumulatasi nella centrale. Questa acqua, risultato del raffreddamento dei reattori danneggiati, è stata raccolta, trattata per rimuovere la maggior parte dei radionuclidi e immagazzinata in enormi serbatoi all'interno del complesso della centrale. La questione dello stoccaggio e del trattamento di questa acqua contaminata rappresenta una sfida continua.

Per quanto riguarda la zona circostante, molti residenti delle aree evacuate hanno potuto fare ritorno nelle loro case, grazie agli sforzi di decontaminazione, anche se non tutti sono poi tornati, sia a causa della paura che a causa dei traumi provocati dall'evento. Oggi la zona risulta parzialmente popolata, ma la sensazione di abbandono è decisamente presente. Alcune aree rimangono sottoposte a restrizioni a causa di livelli di radiazioni ancora considerati troppo elevati per un rientro sicuro. La ripresa economica e sociale delle comunità colpite è stata un'altra priorità, con il governo che ha lavorato per rilanciare l'agricoltura, la pesca e il turismo locali, nonostante le sfide poste dalla percezione pubblica della sicurezza dei prodotti provenienti da Fukushima (non solo interna, vedasi la Cina, che per motivi puramente propagandistici ha limitato le importazioni di pesce dal Giappone).

Sul fronte della sicurezza nucleare, l'incidente ha spinto il Giappone e la comunità internazionale a rivedere le politiche e le pratiche relative all'energia nucleare. Il Giappone ha introdotto regolamenti più severi e ha rafforzato le misure di sicurezza per le sue centrali nucleari rimanenti.

In termini di salute pubblica, studi e monitoraggi continuano a valutare gli effetti delle radiazioni sulla popolazione locale. Fino ad ora, secondo i report pubblicati dall'Organizzazione Mondiale della Sanità e altre istituzioni, il rischio di effetti immediati significativi per la salute è stato relativamente basso, ma il monitoraggio a lungo termine rimane fondamentale.

In conclusione, la situazione a Fukushima e nei dintorni, a più di un decennio dall'incidente, riflette un complesso equilibrio tra la ripresa e la gestione delle conseguenze di lungo termine del disastro. La comunità internazionale osserva attentamente il Giappone mentre continua a navigare tra le sfide poste dalla ricostruzione, dalla decontaminazione e dalla sicurezza nucleare.

Nonostante le difficoltà, questo periodo ha visto comunque il Giappone essere protagonista a livello internazionale di numerosi eventi: le nozze dell'erede al trono Naruhito e della principessa Masako nel 1993, le Olimpiadi invernali di Nagano nel 1998, la Coppa del Mondo di calcio del 2002 (insieme alla Corea del Sud) e la nascita del figlio della principessa Kiko nel 2006 hanno contribuito a tenere comunque alto il morale del Giappone, nonostante tutto.

Durante l'era Heisei, il Giappone ha vissuto un'esplosione della sua cultura contemporanea, segnando una fase di notevole evoluzione artistica e popolare, pur mantenendo un forte legame con i valori tradizionali. Questo periodo ha visto la nascita di numerosi musei d'arte contemporanea e l'emergere di nuove espressioni artistiche che hanno saputo unire l'antica tradizione nipponica con le tendenze moderne delle arti visive e performative (pensate ad artisti come Takashi Murakami). L'industria degli anime e dei manga, in particolare, ha raggiunto una popolarità globale. Gli anime, che designano le produzioni di animazione giapponese, hanno le loro radici all'inizio del XX secolo e durante la Seconda Guerra Mondiale e furono utilizzati come strumento di propaganda. I manga, i fumetti giapponesi, traggono ispirazione dalle narrazioni illustrate medievali presenti nelle pergamene.

Gli anni '90 hanno rappresentato un punto di svolta per l'industria degli anime, con la produzione di sequel e revival di celebri serie degli anni '70, e l'apertura verso nuovi temi e pubblici. Questo ventennio ha segnato l'affermazione internazionale di molti tra i più famosi anime: Dragonball, One Piece, Pokemon, Naruto, e tanti altri, probabilmente ci vorrebbe un intero volume da centinaia di pagine solo per nominarli tutti.

Dal punto di vista culturale e popolare, il vero boom è avvenuto con gli anime, i manga e i videogiochi (non approfondisco l'aspetto videogiochi perché ci sarebbe da scrivere un libro solo su quello, ma dico solo due parole: Nintendo e PlayStation), ma anche la cinematografia e la musica hanno registrato un buon successo, sebbene per questi ultimi due aspetti i "vicini di casa" della Corea del Sud abbiano giocato un ruolo forse ancora più predominante. La fascinazione per il Giappone antico è cresciuta anche grazie alla divulgazione operata da film e documentari occidentali, rendendo shogun, samurai e geishe parti integranti dell'immaginario collettivo globale riguardo al Giappone.

Tuttavia, sono i manga e gli anime a rappresentare la rivoluzione culturale più significativa, soprattutto per le generazioni nate dal 1980 in poi. Questi media hanno invaso le nostre televisioni con opere di alta qualità produttiva e storie avvincenti, adatte a spettatori di tutte le età. I manga sono diventati oggetto di culto per collezionisti e appassionati in tutto il mondo, contribuendo a creare una generazione di otaku, ovvero appassionati del Giappone che vedono il paese come un paradiso culturale, forse idealizzandolo anche un po' troppo, aggiungo.

L'origine di manga e anime è profondamente radicata nella storia artistica giapponese, echeggiando le tecniche narrative delle stampe Ukiyo-e di artisti come Hokusai, Utamaro e Hiroshige. Anche l'industria dei videogiochi, con giganti come Nintendo e Sony PlayStation, ha lasciato un segno indelebile sull'infanzia e sull'adolescenza di intere generazioni, testimoniando l'impatto globale del boom economico giapponese del dopoguerra.

Manga, anime, cultura pop, videogiochi e altri elementi hanno contribuito a forgiare un'estetica giapponese distintiva e influente, ispirando movimenti artistici come il Cyberpunk e il Vaporwave, che attingono pesantemente all'immaginario urbano e tecnologico del Giappone. L'estetica Kawaii, esemplificata da icone come Pokémon e Hello Kitty, ha conquistato il mondo, dimostrando il potere di attrazione e l'innovazione culturale del Giappone nell'era Heisei.

Riassunto del capitolo

- Il 6 settembre, il presidente Harry S. Truman firmò la "Politica iniziale degli Stati Uniti per il Giappone dopo la resa", con l'obiettivo duplice di eliminare il potenziale militare del Giappone e, al tempo stesso, di trasformarlo in una Nazione finanziariamente e politicamente stabile, favorevole agli interessi degli Stati Uniti.

- L'accettazione senza esitazioni delle condizioni di resa da parte dell'imperatore Hirohito potrebbe essere stata influenzata dall'invasione sovietica, evento che eliminò l'ultima opportunità per il Giappone di cercare una soluzione negoziale alla guerra.

- Le azioni iniziali degli Alleati consistevano nel trasferire la proprietà della terra dai proprietari terrieri agli affittuari e nel promuovere lo sviluppo dell'organizzazione del lavoro. Anche il disarmo, la cessazione delle ostilità e la devoluzione erano obiettivi significativi.

- Con l'obiettivo di promuovere lo sviluppo economico tra il governo e le grandi imprese, il gabinetto Yoshida istituì il MITI nel 1949.

- Il Giappone e gli Stati Uniti hanno ristabilito le relazioni diplomatiche dopo la Seconda guerra mondiale.

- L'8 settembre 1951 il Giappone firmò il Trattato di pace di San Francisco, ponendo fine all'occupazione alleata del Giappone. Il trattato entrò in vigore il 28 aprile 1952.

- Nel 1989 inizia il periodo Heisei, caratterizzato da un grande sviluppo culturale ma anche da tristi eventi come i terremoti di Kobe del 1995 e del Tohoku del 2011 e l'attentato terroristico alla metropolitana di Tokyo.

Capitolo 7: Reiwa e il Giappone di oggi

Nell'agosto 2016, l'imperatore Akihito ha espresso pubblicamente il desiderio di abdicare al trono a causa dell'età. Nel 2017, la Dieta nazionale ha modificato la Legge sulla Casa Imperiale del 1947, che consentiva la successione imperiale solo una volta che l'imperatore fosse deceduto.

Per consentire l'ascesa al trono di Naruhito, figlio di Akihito, quest'ultimo annunciò formalmente la sua intenzione di abdicare nel dicembre del 2017, segnando il primo caso di abdicazione imperiale in Giappone in due secoli. Akihito lasciò ufficialmente il trono il 30 aprile 2019, permettendo a Naruhito di iniziare il suo regno come imperatore dal 1° maggio dello stesso anno. Il nuovo periodo imperiale che iniziò con Naruhito fu denominato Reiwa, termine composto da due ideogrammi: "rei-", che significa auspicio positivo, e "wa-", che si traduce in armonia. Pertanto, Reiwa si può interpretare come un'era di "bella armonia", simboleggiando le speranze e le aspettative per il futuro del Giappone sotto la nuova guida imperiale.

Lo sapevi? Il Primo Ministro Shinzo Abe ha spiegato che il nome "Reiwa" è stato selezionato per il nuovo periodo imperiale perché simboleggia il potenziale intrinseco del popolo giapponese di sbocciare dopo un "inverno molto, molto lungo". Questa scelta riflette una visione ottimistica e di rinnovamento per il Giappone, ispirando la Nazione a guardare avanti verso un futuro di progresso e armonia. Inoltre, "Reiwa" si distingue nella storia dei nomi dei periodi giapponesi poiché è il primo ad essere tratto dalla letteratura giapponese, specificatamente dalla prefazione della raccolta di poesie "Manyoshu", anziché dalla letteratura cinese antica. Questo aspetto sottolinea un ritorno alle radici culturali del Giappone e una riaffermazione dell'identità nazionale.

La situazione delle donne nel mondo del lavoro in Giappone ha visto significative evoluzioni, muovendosi verso una maggiore rappresentanza e riconoscimento dei loro diritti e competenze professionali. Tradizionalmente, le giovani donne impiegate venivano spesso percepite principalmente come potenziali spose per i colleghi maschi, piuttosto che come lavoratrici qualificate con diritti e aspirazioni proprie. Questa visione era tanto radicata che, prima dell'approvazione della Legge sulle Pari Opportunità nel 1986, era pratica comune per i datori di lavoro svolgere un ruolo attivo nell'organizzare matrimoni tra i propri dipendenti, facilitando incontri e alleanze matrimoniali direttamente sul posto di lavoro.

Questa tradizione rifletteva la convinzione che, una volta sposate, le donne dovessero naturalmente ritirarsi dal mondo del lavoro per dedicarsi esclusivamente alle responsabilità domestiche e familiari. La Legge sulle Pari Opportunità del 1986 ha rappresentato un punto di svolta, introducendo normative volte a promuovere l'uguaglianza di genere sul posto di lavoro e a sfidare le concezioni tradizionali sul ruolo delle donne nella società giapponese. Grazie a queste e successive riforme, la posizione delle donne nel mercato

138

del lavoro in Giappone ha iniziato a cambiare, aprendo la strada a maggiori opportunità professionali e a un riconoscimento più equo delle loro competenze e contributi.

Nonostante il Giappone non abbia ancora raggiunto la piena parità di genere, ha fatto passi avanti notevoli negli ultimi trent'anni, in una traiettoria di progresso simile a quella osservata in Europa, Nord-America e in alcuni altri paesi sviluppati economicamente. Nel 2017, le donne costituivano il 50,3% della forza lavoro, una percentuale significativa che indica una presenza femminile nel mondo del lavoro superiore a quella maschile. Tuttavia, quando si esaminano i livelli più alti della gerarchia aziendale, come le posizioni di dirigenti, manager e quadri, emerge ancora una marcata disparità di genere, con una predominanza maschile quasi totale nella classe dirigente.

La figura della madre lavoratrice sta diventando sempre più normale e accettata nella società giapponese. Inoltre, si registra un trend crescente di donne che scelgono di sposarsi in età più matura, segnale di una maggiore apertura verso diversi stili di vita e la volontà di esplorare opportunità professionali e personali prima di impegnarsi in matrimonio. Questi cambiamenti riflettono una progressiva evoluzione delle norme sociali, indicando che la società giapponese sta diventando più flessibile e inclusiva, riconoscendo che non tutti devono necessariamente aderire a un modello unico e prefissato di vita senza metterlo in discussione.

In Giappone, le condizioni di lavoro riflettono ancora una mentalità conservatrice, fortemente legata a principi tradizionali che possono apparire datati, in un mondo come quello di oggi. La cultura lavorativa nel paese tende a privilegiare l'età e l'esperienza rispetto alle reali capacità individuali, contribuendo a livelli elevati di stress lavorativo (una delle principali cause per cui il tasso di suicidi è così elevato). La pressione per il raggiungimento di risultati eccellenti seguendo percorsi standardizzati è particolarmente intensa nelle grandi aziende, rischiando di limitare la dinamicità del mercato del lavoro in un contesto globalizzato che valorizza sempre più il benessere aziendale e dei dipendenti, nonché l'equilibrio tra felicità dei lavoratori e produttività, con un occhio di riguardo alla sostenibilità.

Nonostante queste sfide, il Giappone ha compiuto progressi, sebbene modesti. Le ore di lavoro sono leggermente diminuite e sembra esserci una maggiore consapevolezza, soprattutto tra i giovani e coloro che hanno esperienza con culture lavorative internazionali, riguardo l'importanza di migliorare le condizioni lavorative. Anche se i giorni di ferie annui restano tra i più bassi a livello mondiale, stanno aumentando, segno di un miglioramento generale del welfare aziendale.

Essendo che questi argomenti sulla vita lavorativa sono a me molto cari, queste considerazioni mi fanno avanzare una critica verso alcuni aspetti della società giapponese, benché sia importante riconoscere che tali osservazioni provengono da una prospettiva esterna, influenzata da contesti culturali differenti. È indubbio, però, che il Giappone stia vivendo un periodo di rapida trasformazione, spinto in particolare dalla quarta rivoluzione industriale. Quest'ultima, fortemente incentrata sulla tecnologia, ha spostato il fulcro dell'innovazione verso lo sviluppo di applicazioni e software, beneficiando dell'espansione di Internet e del world wide web. Questa evoluzione rappresenta un motore di cambiamento cruciale, promuovendo una riflessione su temi come il ruolo delle donne e il benessere dei lavoratori, e segnando il passo verso un futuro in cui il valore aggiunto si concentra sempre più sull'innovazione tecnologica.

La globalizzazione ha profondamente influenzato ogni aspetto della vita in Giappone, modificando non solo il modo di vestire ma anche come il paese presenta la propria estetica al mondo esterno. Nell'ambito della cultura pop e consumistica, il Giappone si è posizionato sia come importatore che esportatore di beni, tradizioni e tendenze. Le marche di moda occidentali e i fast food americani sono diventati simboli di status nel paese, testimoniando l'integrazione di elementi stranieri nella vita quotidiana giapponese. Tuttavia, il Giappone ha sempre saputo mantenere un approccio originale a queste influenze, come dimostra la peculiare tradizione di consumare pollo fritto del KFC durante il giorno di Natale, un esempio curioso di come la cultura globale venga reinterpretata in chiave locale.

Oltre ai già menzionati manga, anime e videogiochi, che hanno generato un vasto merchandising e una cultura propria, è interessante notare come anche molte aziende occidentali abbiano rivolto la loro attenzione al mercato giapponese e all'affascinazione degli occidentali per l'estetica nipponica. Non mancano collezioni a tema Giappone di noti brand internazionali, alimenti reinterpretati con un tocco giapponese (come cioccolatini al gusto di sakura) e pubblicità che evocano questa specifica estetica.

Un altro ambito in cui la globalizzazione ha evidenziato l'influenza giapponese è la gastronomia. La cucina giapponese, insieme a quella italiana e a quella cinese, è tra le più apprezzate e diffuse al mondo. È difficile trovare una città senza almeno un ristorante che offra sushi, gyoza, ramen o altre specialità giapponesi, rendendo la cucina del paese un vero e proprio punto di riferimento culinario. Questa popolarità si estende dalla ristorazione quotidiana fino alla haute cuisine, dove ingredienti e ricette giapponesi vengono utilizzati per stimolare la creatività dei più rinomati chef internazionali. La tradizione culinaria millenaria del Giappone ha dunque esercitato un fascino indiscutibile, influenzando le abitudini alimentari e la cultura gastronomica globale.

La crisi legata al COVID-19

Come tutti ci ricorderemo, il Covid-19 ha rappresentato una sfida globale senza precedenti, e ancora oggi stiamo vivendo la "scia lunga" dei cambiamenti a cui abbiamo assistito nel 2020 e 2021. Il Giappone non è stato ovviamente esente da questa pandemia. Il primo caso confermato nel paese è stato registrato il 16 gennaio 2020, ma la prima grande emergenza si è registrata il mese successivo, a Febbraio, con l'epidemia riscontrata sulla nave da crociera Diamond Princess, rimasta ferma e isolata al largo del porto di Yokohama. Il Giappone, tra le sue caratteristiche principali, ha una densa popolazione quasi tutta racchiusa in grandi città, capite bene quindi che ha dovuto affrontare sfide uniche nel contenere la diffusione del virus.

Inizialmente, il governo giapponese ha adottato misure di quarantena per i cittadini rientrati da aree colpite e ha incrementato i controlli sanitari agli aeroporti. Tuttavia, con l'aumentare dei casi, è diventato chiaro che strategie più ampie erano necessarie. Il primo ministro Shinzo Abe ha dichiarato lo stato d'emergenza in aprile, una misura che inizialmente copriva solo alcune prefetture ma che è stata poi estesa a tutto il paese. A differenza di altri paesi, il Giappone non ha imposto un lockdown rigoroso, ma ha piuttosto richiesto la cooperazione della popolazione nell'applicare misure di distanziamento sociale, nella chiusura temporanea di attività non essenziali e nella promozione del telelavoro. Il Giappone non ha mai assistito a vere e proprie "scene" come quelle che abbiamo visto in Europa, America e Cina con città completamente chiuse e gente barricata in casa.

Il Giappone ha affrontato diverse ondate di contagi, con picchi che hanno messo sotto pressione il sistema sanitario nazionale, che però ha sempre risposto bene e con grande efficienza, senza deludere le aspettative. La risposta del paese al Covid-19 è stata oggetto di dibattito, con alcuni che hanno lodato l'approccio meno restrittivo e altri che hanno criticato il governo per non aver agito con sufficiente determinazione. Il mio giudizio personale, comunque, avendo vissuto in Europa durante quel periodo, è che l'approccio giapponese, alla fine, ha funzionato molto meglio rispetto a paesi come Italia, Francia o Regno Unito, ma penso anche che ciò sia dovuto all'approccio più scrupoloso della popolazione nel seguire le regole che alle regole in sé.

Dal punto di vista economico, il Giappone ha subito un duro colpo, con la pandemia che ha interrotto le catene di approvvigionamento, ridotto il turismo a livelli minimi e colpito duramente settori come la ristorazione, l'ospitalità e il retail. Il governo ha risposto con pacchetti di stimolo economico per sostenere imprese e cittadini colpiti dalla crisi.

Rispetto ad altri paesi, il Giappone ha mostrato un bilancio relativamente contenuto in termini di casi e decessi per Covid-19, grazie anche a un sistema sanitario efficiente e al fatto che l'utilizzo della mascherina fosse già ben radicato nella società. Tuttavia, la pandemia ha evidenziato e, in alcuni casi, aggravato sfide preesistenti, come l'invecchiamento della popolazione e la necessità di riforme nel settore sanitario e nel mondo del lavoro.

Le sfide affrontate dal Giappone durante la pandemia di Covid-19 non sono state sostanzialmente diverse da quelle dei paesi più sviluppati. Tuttavia, il bilancio delle vittime è stato notevolmente contenuto rispetto a nazioni come il Regno Unito, gli Stati Uniti o l'Italia, testimoniando una gestione efficace della crisi sanitaria. Nonostante ciò, la paura e la cautela hanno dominato la risposta del paese all'emergenza, portando il Giappone a essere uno degli ultimi a riaprire i propri confini ai turisti e ai visitatori stranieri. Questa prudenza riflette non solo una risposta alla pandemia in sé, ma anche una tendenza culturale e storica alla cautela nei confronti dell'esterno, influenzata da fattori storici, culturali e geografici.

Il ritardo nella riapertura ai visitatori internazionali evidenzia una profonda preoccupazione per la sicurezza pubblica e la volontà di minimizzare i rischi, nonostante gli evidenti impatti economici, specialmente sul settore turistico. Questa scelta può essere interpretata come una manifestazione della tendenza giapponese a privilegiare il benessere collettivo e la prudenza nelle decisioni che riguardano la salute pubblica.

Le olimpiadi di Tokyo 2020 (2021)

Le Olimpiadi di Tokyo 2020, originariamente programmate per l'estate del 2020, sono state posticipate all'estate del 2021 a causa della pandemia. Dopo molte speculazioni e discussioni tra il Comitato Olimpico Internazionale (CIO), il governo giapponese e le parti interessate, la decisione storica di rinviare i giochi è stata annunciata il 24 marzo 2020. Questo rinvio ha segnato la prima volta nella storia olimpica moderna in cui i giochi sono stati posticipati, piuttosto che cancellati.

Il Covid-19 ha avuto un impatto significativo sulle Olimpiadi, influenzando non solo la logistica e la pianificazione ma anche l'atmosfera stessa dell'evento. Per la prima volta, le competizioni si sono svolte senza la presenza di spettatori stranieri, e in molte sedi anche il pubblico locale è stato limitato o completamente escluso. Queste restrizioni hanno creato un'atmosfera insolita, priva del consueto entusiasmo e supporto del pubblico.

Nonostante tutto questo, l'evento ha comunque avuto successo, a modo suo, anche grazie a nuovi record e risultati a sorpresa nelle competizioni sportive. Inoltre, l'inserimento di nuovi sport come lo Skateboard ha avvicinato una fetta di pubblico nuova, prima disinteressata a questo evento. La cerimonia d'apertura ha impresso un messaggio di speranza e resilienza, riflettendo lo spirito di unità e di superamento delle difficoltà globali. Gli Stati Uniti, con 39 ori, sono stati i vincitori del medagliere, con solo 1 oro in più rispetto alla Cina (38). I padroni di casa del Giappone si sono classificati al terzo posto, con 26 ori, davanti al Regno Unito (22). Chiudono la top 10 il Comitato Olimpico Russo (in sostituzione della Russia, squalificata per casi di doping) con 20 ori, l'Australia (17), i Paesi Bassi (10), la Francia (10), la Germania (10) e, infine, l'Italia (10).

Altri eventi degni di nota anni 2021-2022

* Shinzo Abe è diventato il primo ministro più longevo del Giappone il 19 novembre 2019, superando il record di 2.883 giorni di Katsura Taro. Yoshihide Suga gli è subentrato quando si è dimesso per motivi di salute nel settembre 2020. Lo stesso Shinzo Abe è stato tragicamente assassinato l'8 luglio 2022, mentre partecipava a un comizio. L'assassino, un ex membro della Kaijō Jieitai (Forza di Autodifesa Marittima del Giappone), lo ha colpito accusandolo di promuovere nel paese le attività della Chiesa dell'Unificazione. Secondo l'aggressore, questa organizzazione religiosa avrebbe manipolato mentalmente sua moglie.

* Il Partito Liberal Democratico (LDP) ha scelto Kishida come nuovo capo nel 2021, facendo di lui il 100° primo ministro della nazione.

* Nel giugno 2020, Fujitsu e RIKEN hanno lanciato Fugaku, il supercomputer più potente del mondo con una capacità di 415,53 teraflop. Fugaku si è distinto anche nei campi dell'informatica industriale, intelligenza artificiale e analisi dei big data.

Abbiamo concluso il nostro viaggio nella storia del Giappone, Nazione unica per tradizioni, cultura e prospettive. Diversamente da molti paesi, che hanno percorsi storici intrecciati, il Giappone ha seguito una traiettoria propria, creando un modo di vivere distintivo che si riflette nell'arte, nel cibo, nella lingua e in altri aspetti della vita quotidiana. Pur avendo incrociato le sue "vie" con altre culture, specialmente negli ultimi secoli, il Giappone ha saputo integrare influenze esterne mantenendo la propria identità.

E adesso, cosa succede? Il Giappone si trova di fronte a nuove sfide, alcune globali, come la sostenibilità ambientale, l'invecchiamento demografico e le evoluzioni nel mondo del lavoro, che richiedono soluzioni innovative e coraggiose, da prendere in sinergia con tutti gli altri paesi del mondo, nessuno escluso. Ma ci sono anche questioni più regionali, come la crescente influenza della Cina, un vicino potente e competitivo, che obbligano il Giappone a riflettere sulla propria posizione nel mondo. La Cina, che ha recentemente sorpassato il Giappone come economia globale, rappresenta un'alternativa formidabile all'Occidente, portando il Giappone a considerare la propria strategia futura: continuare a muoversi in sinergia con l'occidente e a svolgere il ruolo di "potenza equilibratrice" del Pacifico, oppure iniziare pian piano a guardare verso il mondo orientale e aprire nuove collaborazioni con paesi asiatici in crescita, con cui condivide tra l'altro molti aspetti culturali? Ricordiamoci che, come la storia ha sempre dimostrato, le risposte non sono poi così scontate. Tutto può cambiare molto in fretta. Il Giappone ha una posizione molto delicata anche oggi, e se vuole continuare a contare qualcosa nel mondo, deve assolutamente capire che spazio ritagliarsi nelle più importanti questioni internazionali, e non può di certo essere solo "il paese dei manga, degli anime, dei videogiochi e del pesce crudo", con buona pace degli Otaku, dei Cosplayer e di chi mangia il Sushi col formaggio.

Ganbaru (頑張る)

Nota dell'autore

Grazie mille par aver letto questo libro! Come avrai capito, attraverso questo manoscritto e gli altri della serie "Easy History", sto provando a rendere semplici e accessibili a tutti argomenti normalmente affrontati da lunghi e complicati testi accademici.

Il mio obiettivo da scrittore freelancer è quello di contribuire alla divulgazione di fatti storici nel modo più neutrale possibile (cosa molto difficile da fare, a causa delle influenze a cui tutti noi siamo soggetti) e in un modo che possa davvero arrivare a tutti, per permettere ai lettori (di ogni età, genere o cultura) di farsi una propria idea su cosa è successo nella storia e cosa ci è stato tramandato dai miti e dalle leggende.

Un tipo di informazione indipendente, semplice e neutrale rappresenta, secondo me, una potentissima arma contro l'ignoranza e le strumentalizzazioni che vediamo ai giorni nostri anche nei più importanti media (per non parlare dei social network), e in questo senso non c'è cosa migliore di conoscere il passato per costruire un futuro migliore.

Perché faccio questo? Per passione, niente più e niente meno. Sono sempre stato un lettore quasi ossessionato dai libri di storia e mitologia, e sono sempre stato affascinato da come eventi di centinaia o migliaia di anni fa hanno ancora effetto sulla vita odierna.

Essendo io un autore completamente indipendente, che si occupa in prima persona di tutta la ricerca, la scrittura e la pubblicità dei libri (al contrario di chi è supportato da case editrici o altri enti), ti chiedo un piccolissimo favore:

Se ti è piaciuta la lettura, o se semplicemente ti è stata utile per qualsiasi motivo, ti chiedo gentilmente di lasciare una recensione o una semplice valutazione su Amazon!

Non hai la minima idea di quanto questo possa essere utile per me e per tutti quelli che, come me, fanno tutto da soli!

Fonti

Axelrod, J. (2019). A Century Later: The Treaty Of Versailles And Its Rejection Of Racial Equality. Code Switch by NPR.

Bix, Herbert P. 2000. Hirohito and the Making of Modern Japan. New York: HarperCollins Publishers. ISBN 006019314X

Dower, John W. 1993. Japan in War and Peace: Selected Essays. New York: New Press. ISBN 1565840674

Dr. Frederick Dickinson on Japan in the Great War. (2018).

Gluck, Carol and Stephen Richards Graubard. 1992. Showa: the Japan of Hirohito. New York: Norton. ISBN 0393029840

Ike, Nobutaka. 1967. Japan's Decision for War; Records of the 1941 Policy Conferences. Stanford, Calif: Stanford University Press.

Irokawa, Daikichi. 1995. The Age of Hirohito: In Search of Modern Japan. New York: Free Press. ISBN 0029156653

Morris-Suzuki, Tessa, Mutsuo Saitō, Ayako Tsutsumi, and Momo Iida. 1985. Shōwa: An Inside History of Hirohito's Japan. New York: Schocken Books. ISBN 0805239448

Nakamura, Takafusa and Edwin Whenmouth. 1998. A History of Shōwa Japan, 1926-1989. Tokyo: University of Tokyo Press. ISBN 086008521X